彩流社ブックレット ⑤

くる 調査報道ジャーナリズム

「広島東洋カープ」をめざすニュース組織

渡辺周・花田達朗・大矢英代・ワセダクロニクル［編著］

Waseda Chronicle

◇調査報道とは……

調査報道ジャーナリズム(Investigative Journalism)とは、政府や大企業といった大きな権力を持つ組織が不正や腐敗を行っているのではないかとの疑いを持ち、被害者の立場に立って自力で取材し公表するものです。官公庁などの記者クラブで提供された情報を伝えるだけのジャーナリズム活動とは立場を異にします。文字通り investigate つまり、権力が隠し、公表しない事実を自らが「探査し」「掘り起こし」、それらの事実を市民社会に還していきます。

私たちのパートナー団体のGIJN（Global Investigative Journalism Network）の創設メンバーの一人であるマーク・リー・ハンター氏の言葉を借りて言うならば、「記者は、記事の事実に対して公正で、誠実であろうとする。その上で、誰が犠牲者であり、英雄であり、悪事の張本人であるかを示してもよい。記者はまた、記事で判断を下してもよい」（邦訳『調査報道実践マニュアル――仮説・検証、ストーリーによる構成法』旬報社、2016年、24ページ）ということになります。

ワセダクロニクルが発信する成果物は、正確性、独立性、透明性、公正性を追求します。取材にあたっては、公益性があると判断した場合はあらゆる手段を排除しません。

◉はじめに——衣笠祥雄選手は満身創痍になっても立ち上がった

渡辺 周

初めての野球観戦は小学校2年生の時、広島市民球場だった。広島東洋カープの本拠地だ。当時は原爆ドームの近くにあった。小学校の授業が終わった後にバスで広島市内まで出て、市内で働いていた父と待ち合わせをした。

その日の相手は東京読売ジャイアンツ。ジャイアンツを倒そうと、意気込んでいるカープファンたちの熱気に触れ、テレビでしか野球を観たことがなかった私は緊張した。

野球に特に興味があったわけではない。サッカーのほうが好きだった。

それでも小学2年の私は、広島市民球場に野球を観に行きたいと思った。神奈川県から広島に引っ越してきて3年。クラスの友達も地域のおじさん、おばさんもやたらと「カープ」が会話に出てくる。友達の家族は、日曜日にお弁当を持って一家で球場にカープを応援しにいくのが恒例行事になっていた。スポーツチームのファンになることはよくあることだが、カープファンは自分の一部のようにカープが好きだった。カープのどこがそんなにいいのか、この目で確かめたくなった。

❖デッドボールで倒れても、ユニフォームの土を払って颯爽と一塁に向った

初めての観戦以来、広島市民球場には何度か足を運んだ。盗塁の名人高橋慶彦選手、闘志をむき出しにして豪

速球を投げ込む津田恒実選手、投球が体をかすったかどうかでデッドボールだと審判に猛アピールする達川光男選手。どの選手も個性が強く魅力的だった。

その中でも一番好きだった選手は、衣笠祥雄《きぬがささちお》選手だ。デッドボールを受けて倒れても、さっと立ち上がってユニフォームの土を払い、颯爽と一塁ベースに向かう姿がなんともカッコよかった。プロ野球で3番目に多い161のデッドボールを受けながら、2215試合連続出場という大記録を打ち立てた衣笠選手には、少年ながら心からの尊敬の念を抱いた。「いつか自分も衣笠選手のように『鉄人』と呼ばれたい」と思った。

ある日父が、カープファンはなぜ熱狂的なのか教えてくれた。

「カープって昔は貧乏で、広島の人たちがカープのために酒樽で募金運動をしていた。自分たちが育てた球団だという気持ちが強いんだろうな」

カープは球団発足の2年後に経営難で解散の危機に陥り、市民が「樽募金」を始めたことがあった。お金がなくて苦労した時代からみんなで支えて、選手たちがあれだけの活躍をしてくれたら、そりゃあ熱も入る。納得した。

小学校を卒業後は大阪に引っ越し、広島とは縁のない生活を送る中で、少年時代に感じたカープと、それを支えるファンが作り出す熱気のことはすっかり忘れていた。

だがあれから30年。ワセダクロニクルを立ち上げたいま、カープとカープファンへの憧れが蘇っている。ワセクロが目指すべきモデルは、カープだと確信している。

❖挑戦を応援してくれる人たちと一体感、ワクワク

朝日新聞では16年間働いたが、取材費用の心配はしたことがなかった。スクープを書いても不発でも、銀行口座には会社から給料が毎月振り込まれた。

だが、いまはそうはいかない。

ワセクロの編集作業部屋である通称「部室」では、コピー機をリースで置いているが、経費削減のためカラーコピーは禁止だ。全国各地、時には海外から寄せられる情報を取材しようと出張するが、費用対効果をどうやって上げるか徹底的に作戦を練る。給料が出ていないので、学生と「一杯やるか」となった時もなかなかおごれない。もちろん学生よりは多く負担するが、なるべく安い店を探す。

金銭面だけではない。朝日新聞にいれば法務部がやってくれていたような訴訟対策も、私を含めワセクロの編集メンバーと顧問弁護士で記事を発信する度にやらなければならない。アクセルとブレーキをそれぞれどこまで踏むか、大きな相手に挑む小さな新興メディアとして常に緊張感を強いられる。

なのに、ワクワクする。

それは、調査報道で社会を前に進める私たちの挑戦を応援してくれる人たちとの一体感を感じることができているからだ。

今年、２０１７年の4月22日に開いたシンポジウム「ジャーナリズムは誰のものか~ワセダクロニクル読者との対話」は、そのことを実感するまたとないチャンスになった。

編集長の私とジャーナリズム研究所の花田達朗所長が、一方的にジャーナリズムとは何かや、ワセクロの取材

方針を語ったわけではない。参加者は単なる読者を超えて、ヨチヨチ歩きの私たちを叱咤激励し、針路を示してくれた。

ワセクロでは毎週1回、取材メンバーたちが一堂に会し取材テーマをどう成就させるか知恵を出し合う「ブレーンストーミング」をしている。シンポでは、「調査報道してほしいテーマ」を募り、ブレーンストーミングをした。提案者に概略を説明してもらい、ワセクロの学生がホワイトボードで情報を整理しながら進行した。地元で景観保全をしている参加者とは、情報公開請求でどうやって役所から情報を引き出すかを議論した。国籍問題に悩む友人から聞いた話を元に、日本での国籍取得のあり方について取材することを提案した若者もいた。

シンポの後は酒を飲み交わしながら、日本のジャーナリズムがどう進むべきか、ワセクロは何をすべきで何ができるのかを語った。

ワセクロを支える人は、単なる支援者ではない。当事者だ。チームと一心同体のカープファンに似ている。

❖メジャーリーグからコーチが来日　選手の獲得ではなく育成を目指す

カープを目指したいと思う理由はもう一つある。選手育成だ。

カープは選手を自前で育てる。金銭的に恵まれ、他球団からスター選手を獲得するジャイアンツとは対照的だ。ワセクロも、学生たちを自前で気骨ある優秀なジャーナリストに育てる。育ったら、新聞やテレビといったメディアに送り出し、日本のジャーナリズムの底上げに貢献していく。「かわいい子に旅をさせた」後は、ワセクロに戻ってくるという循環を目指す。

学生たちは、創刊特集「買われた記事」の発信を始めて以来、メキメキと成長している。自分たちがこれまでに積み上げてきた仕事が調査報道の成果物として結実し、電通、製薬会社、共同通信という大きな組織に挑むだけの武器となっていることに手応えを感じているようだ。「買われた記事」以外にも、様々なテーマを並行して取材しているが、学生が提案したものも多い。若者ならではの感性にハッとさせられる。

コーチ陣も充実している。ワセクロを支えるジャーナリズム研究所には、新聞、テレビ、雑誌、外国メディアで活躍してきた経験豊かなジャーナリストたちが招聘研究員として所属しており、折に触れ、培ってきた「秘技」とジャーナリスト魂を伝授してくれている。

5月には、メジャーリーグからコーチがやってきた。世界中の非営利調査報道組織で構成されるＧＩＪＮ（Global Investigative Journalism Network）の創設メンバーの一人、マーク・リー・ハンター氏だ。ハンター氏との5日間は、まさに調査報道道場ともいうべき濃密な時間だった。ガラパゴスの日本ではなく、世界に通用する調査報道を持続的に発信していくにはどうしたらいいのか。学生とプロのジャーナリストの区別なく、ハンター氏に学んだ。この貴重な経験は、ワセクロで独占することなく、ＮＰＯなど市民社会で奮闘している人たちに還元していく。

❖目指すは市民が支えるジャーナリズム

5年後、10年後、日本のジャーナリズムはどのような姿形になっているだろうか。

明治時代から今日に至るまで中核を担ってきた伝統メディアが、同じように君臨しているとは想像し難い。かといって、インターネットの特性を生かし、刹那的な情報で大量の閲覧者を惹きつける競争も行き詰まるだろう。記事・動画を提供する側と、それらを消費する側とに分けるのではなく、社会の一人一人がジャーナリストたちと共にジャーナリズムを支える時代が必ずやってくる。

調査報道は「デッドボール」を受け、満身創痍になることもある。だがどんなにデッドボールを受けても、ファンの支えで17年以上にわたり連続試合出場を達成した衣笠選手のように、ワセクロもこのブックレットを手にしていただいているみなさま一人一人の支えで、社会を改善する調査報道を積み重ねていきたい。

２０１７年6月末日

Ⅰ.◉シンポジウム――読者との対話＝市民社会との接続を求めて

司会…荒金教介（ワセダクロニクルシニアリサーチャー・広報担当）
登壇者…渡辺周（ワセダクロニクル編集長）
…花田達朗（早稲田大学ジャーナリズム研究所所長）

シンポジウム「市民との対話～ジャーナリズムは誰のものか」を元に、本書のために加筆・修正した。シンポジウムの開催記録は以下の通り。
日時＝2017年4月22日（土）15：00～18：00／会場＝早稲田小劇場どらま館

司会（荒金）　ワセダクロニクルの広報としてここに座っている僕ですが、実は私は、調査報道とは無縁に生きてきた人間です。

渡辺　司会の荒金さんは銀座でバーを経営していますが、最初は調査報道という言葉を全く知らなかったんです。お客さんも、調査報道という言葉を知らない。そういう状態なんですね。そんな中で僕らは、調査報道プロジェクトを動かしていこうとしているんです。

僕の母親は、昭和16年（1941年）生まれで、ジャーナリズムなどにはまったく興味がなく、息子が何をしているかもよくわかっていない人です。僕が朝日新聞の調査報道チームで仕事をしだしたころ、帰省をしたときに、母から「あんたはいま何をやっているの、政治部とか社会部とかなの？」と聞かれました。僕が「調査報道だよ」と答えたら、母に、「あんたいままで調査しないで記事書いていたの？」と言われたんです（笑）。その後、母に、調査報道とは何なのかということを何度説明しても、なかなか理解してもらえず諦めました。飲み屋で調査報道の話をしても、なかなか話が通じない。調査報道というと、みなクエスチョンマークになる。

業界の中でしか知られていない言葉なのかもしれません。ですので、今日はまず、いらしているみなさんの「調査報道」に対するイメージをお聞きしてみたいです。

司会　みなさん、いかがですか？

参加者A　私も今回ワセダクロニクルのことを知るまで、「調査報道」という言葉についてほとんどわかっていませんでした。けれども、いま、私たちが読んでいる新聞記事などの背景にあるのは、記者クラブで発表されている情報などが大部分だったのだなということ。今回のワセダクロニクルの調査報道をみて、きちんと本格的な調査をして報道されていくような流れが本来の報道なのだということがわかりました。その違いがわかってきたことが嬉しいです。

❖「なぜそこにいる人に聞かないのか……」

参加者B　私は、報道のありかたについてずっと疑問がありました。私は某団体の広報にいて、イベントなどがあると、事前にプレスリリースをマスコミのみなさんに向けて出します。記者の方たちはそれを見て、イベントに出かけて取材されるわけです。

しかし実際には、イベントには来ないのに、いま、現在行われているイベントの内容について、事務所に残っている私に問い合わせがあって、今日のイベントはどんな内容のことをやっているのかと言う。疑問があるなら、実際に現場に行って取材し、質問をしなければ記事は書けないのに、事務所の私に電話をしてきて、内容を聞こうとするのです。逆に、現地に行っているのに、現地から私たちに電話をしてきて、今日、自分がいる場所の名前を教えてくれというような人までいました。なぜそこにいる人に聞かないのか……。

そのときは、米軍基地関係の話だったのですが、米軍基地の名前は、たとえば沖縄なら、キャンプハンセンとか、キャンプシュワブとかの通称で通っていますが、実際にその基地がある土地には地域の名前がありますよね。そんなことは現地で聞けばわかることなのに、それすら私たちに電話をかけて聞こうとする。その神経がわからない。

そのような人たちが、新聞や雑誌で記事を書いているのかということが不思議でしょうがありませんでした。ただ単にその人たちが質の悪い人たちだったのか。いまの報道のあり方、調査報道ということとそのへんは関係があるのかな、と。

参加者C　新聞報道を見ていると、一面で各社の扱うニュースがときに違うことがありますね。それはその新聞社の独自スクープなのかと思っていました。公表されていない、広報されていないニュースを独自でつかんで、ニュースにする。調査報道というのはそういうものかなと思っていました。いまもそのようなイメージしかまだありません。

参加者D　「発表モノ」「発生モノ」という言い方もあるんでしょうけれども、いわゆるストレートニュースと違って、思い入れを持って、問題意識を持って何かを打ち出していくというような報道のスタイルのことを調査報道と言うのだと考えていました。

司会　ここらへんで花田先生にもコメントをお願いします。

❖「『調査』という言葉が間違いだった」

花田　調査報道についての理解があまり広まらないのは、おそらく「調査」という日本語にあるのではないでしょうか。だから、渡辺編集長のお母さんのように、新聞記者が調査もしないで記事を書くことがあるのかと言われてしまう。記事を書くのに調査するのは当たり前のことです。では、調査報道における調査とは、これまでのやり方と何が違うのか、ということです。しかし、日本語における「調査」という言葉では、なかなかそれがわかりにくい。報道なら調査するのが当たり前なのに、その報道に、わざわざ「調査」とつける意味がよくわからない。それが当たり前の感覚だと思います。

私は、「調査」という言葉にしてしまったことが間違いだったと思っています。

もともと調査報道という言葉は、〈investigative journalism〉です。〈research journalism〉ではないのに、日本語に翻訳したときに「調査報道」という言葉が業界に定着してしまった。〈investigative〉とは何か。これは調査と訳すのではなく、あえていうなら「探査する」「探す」ということだと考えています。探すジャーナリズムのことですね。

では、何を探すのか。「隠された真実」を探すのです。それは探偵と一緒です。

探偵がやる捜査のことを〈investigation〉と言いますね。たとえば殺人事件が起きて、それを解明しなければならない。そこに探偵、あるいは刑事が捜査に送り込まれ、謎を解いていく。一体誰がやった犯行なのか、何が起きたのか。その謎を解明して真実に至る。

それが〈investigation〉です。〈research／調査〉ではなく、探査、探求、つまりあくまでも「探す」ということなんですね。宇宙空間に打ち上げられるロケットは、宇宙探査機と言いますが、それと同じです。その探査という活動をジャーナリズムがやるということなんですね。

調査報道ジャーナリズムとは、大きな力を持った権力側が行っている活動の中に、不正や腐敗など、我々自身を苦しめるような事柄があるのではないか、一般の人々を苦しめるような事柄を、権力側はやっているのではないかと疑いを持って、それを探っていくことです。不正を探し、腐敗を探し、それを解明して、ジャーナリズムとして、公衆(public)のために伝えるということです。それが、「調査報道」の中身なのですが、やはりどうしても「調査」という言葉を使ってしまうがゆえに、伝わりにくいところがありますね。

渡辺　さきほど会場の方からお聞きした、現場で質問しない記者の話など、何をやってるんだというくらいのポンコツぶりですね。それは異常なことだと思います。とはいえ、それに近い話をあちこちで見聞きしました。弛緩していますね。

これが調査報道の現場なら、記者はそんなこと怖くてできません。なぜなら、記事を書くときの主語は、自分たちだからです。「ワセダクロニクルは」という書き方をする。「財務省は」「警視庁は」というような主語では書かないからです。自分たちが責任を取らなくてはいけないから、ここで間違えてはならないという緊張感がいつもある。どんなに聞いても、実際に見ないと信じられない。見て、聞いたあとでも、それだけではなくて、関連する紙、つまり印刷された文書を手にいれて調べていく。その緊張感がまるで違うのです。

実際の現場に行かずに、聞かずに書くことができるというのは、調査報道をしたことがない人だと思う。また、別の方が、新聞発表には、記者クラブの発表ものとは別に、独自の記事が出ることがあるとお話されていましたが、調査報道の場合も二種類あって、ひとつは内部告発など、具体的なネタや情報がまずあって、それを元に「これはニュースだ」と取材に入っていくタイプのものと、あらかじめ自分たちでテーマ設定をして、そこから取材に入っていくタイプのものがあります。ですので、新聞記事で、他の新聞には出ていない独自の記事が出ていた場合、それは、記者たちが独自に問題意識を持ってテーマ設定をして深掘りした記事だということでしょう。

司会　僕も渡辺編集長に誘われて仕事を手伝うようになったのですが、いざ実際関わってみると、本当にこんな大変なものなのか、ということを感じますね。現在、ワセダクロニクルで調査しているテーマは、とにかくひとつの事実を調べようと思うだけでも大変な時間がかかるし、根気がいります。必要な情報を見つけ出すことは本当に大変なことです。ワセダクロニクルがいま、何をやっているのか、何を見つけてきているのか、ということに注目していただければと思いますが。

ところで、調査報道は、世界ではどのようなところで行われていると思いますか。特定の国だけだと思いますか。みなさん想像できますでしょうか。

参加者　アメリカとか？

参加者　韓国、フランスとか？

司会　世界中で調査報道は行われていると言っても良いでしょうか。

❖「ガラパゴスみたいな状況が続いてきている」

花田　そうですね、世界中でやっています。世界調査報道ジャーナリズムネットワークＧＩＪＮ（Global Investigative Journalism Network）という非営利団体がアメリカにあります。世界各国の調査報道をやっているニュース組織や、ジャーナリスト組織が加盟しているのですが、日本はひとつも加盟団体がない。最も多く加盟しているのはアメリカです。

ProPublica（プロパブリカ）というニュース組織の名前を聞いたことがある人もいるかもしれません。アメリカの調査報道組織で、今年（２０１７年）も、ピュリッツァー賞を受賞しています。その他にもアメリカでは、１００団体以上、非営利で調査報道を行っているネット上のメディアがあります。

特に増えてきたのは、２００８年のリーマンショック以降です。リーマンショック後の世界的な金融危機の中で、マスメディアから広告費がひき揚げられ、お金のかかる部分を削っていかざるを得なくなった。人件費や取材費がかかる調査報道をやめていったんですね。ニューヨークタイムスやワシントンポストでも、記者のリストラが進みました。

そんなリストラされた記者や、あるいは、調査報道をやらないと決めたメディアで、自分がやりたいことができなくなったと思ったような記者たちが、ネットに移り、あたかも結社を作るように、調査報道の非営利メディアを立ち上げていったんですね。

ヨーロッパにも、アフリカにも、中東にもあります。アジアでは、韓国に「ニュース打破（タパ）」という組織があり、活発な活動をしています。ハングルだけのサイトですが、インターネットで検索するとすぐ出てきます。ニュースタパは、約4万人ほどの個人会員を抱えていて、多くの人が毎月1000円の寄付を払って、組織を支えています。そういうサポーターが約4万人いるというのは驚きです。

また、台湾にも2015年12月「ザ・リポーター（報導者）」という非営利組織が立ち上がり、活発に活動しています。去年（2016年）、非常にいい仕事をしています。それは、我々も大好きなマグロが、いったいどこからやってくるのか、ということを調査報道し、台湾船籍のマグロ漁船で、インドネシアの漁師たちがいかに過酷な不当労働を強いられているか、その現実を暴露したのです。不正や腐敗や悪事によって虐げられたり犠牲になっている人たちが多くいるということ。その人たちの窮状を世の中に知らせることによって、その悪事を暴き、中止させていく。彼らの調査報道によって、結果、台湾政府も動き出しました。台湾で漁獲されたマグロのうち、半分以上は日本に輸出され、我々が食べています。

我々が知るべきこと、知らなかったことを探査し、探索して、我々に伝えてくれる。これが調査報道です。その報道の陰には、必ず犠牲者、被害者がいます。この人たちを救いたい、それが調査報道です。

アジアで一番最初に調査報道組織を立ち上げたのはフィリピンです。韓国のニュースタパよりも早く、調査報道センターが立ち上がり、さまざまな不正を暴いています。

このように、調査報道は世界中で行われています。日本はそういった意味で、非常にらち外に立っています。世界から見ても、ガラパゴスみたいな状況が続いてきていると思いますね。いま、世界でどのようなジャーナリズム活動が、非営利ベースでも行われているかということを、日本の人々も知るべきだと思いますね。いかに我々がたち遅れているかを知るべきです。

司会　調査報道は世界中で行われているということを、僕はワセダクロニクルに関わって初めて知り、感動しました。僕は、調査報道はアメリカやヨーロッパなどでは行われているのだろうと思っていました。そのような映画もありますし、ジャーナリストというと、アメリカのイメージがあったのです。しかし韓国や台湾でも行われているということに、衝撃を受けました。それは、韓国や台湾ではそんなことをやっていないだろうというような意味ではなく、そんな大事なことが、欧米ではなく、同じアジアの身近な国で行われているということに衝撃を受けました。

花田　アメリカの調査報道の映画といえば、『スポットライト』という映画が昨年（２０１６年）公開されましたね。この中でご覧になった方はいるでしょうか。ボストンのボストングローブという老舗の有名な新聞社が舞台です。実話をもとにした映画で、ボストングローブがニューヨークタイムスに買収された後、ニューヨークタイムスから編集長がやってくるシーンから始まります。映画の中で、記者がある事件の端緒を掴みます。それは、地元の教会の神父が、少年たちを対象に性的虐待をしているという疑惑です。そこから探査（investigation）が始まる。教会の神父が少年達を虐待している証拠と、証言を次々と掴んでいくのですが、実は、ボストンのようなコミュニティは、教会と非常に密接な関係にあり一体化しているので、その悪事を暴くことは、新聞の読者層である地元コミュニティを敵に回すということに等しいため、新聞社としては非常に勇気がいることなのです。不買運動が起こるかもしれない。しかしそんな中で取材を続けていくうちに、証言者や、サポートをしてくれる神父も出てくる。実話を元にした映画です。

その他にも、スノーデンのドキュメンタリーも去年公開されましたし、パナマ文書に関する報道も、みなさん新聞やテレビでご覧になったと思います。

そういった意味では、昨年は、「調査報道」というものに、日本の人々が具体的に触れる機会が多かった年ではないでしょうか。「ああ、調査報道ってこういうものを指すのか」と、イメージできたのだったら良かったですね。

❖「犠牲者の悔しさや理不尽さを取材していなければ、調査報道はやれない」

渡辺　せっかく神父の話がでたので、僕は僧侶の話をしましょう（笑）。以前取材した記事で、「ニセ僧侶事件」というのがありました。端緒は何だったかというと、裁判を取材する司法記者クラブに、高野山真言宗のお寺をやめさせられたお坊さんが、不当解雇だと訴える裁判についての情報提供があったのです。お坊さんの労働問題というのは珍しいと思いますが、実際にはすでに何例かあったので、司法記者クラブの記者たちは取り上げませんでした。そんなときに私がたまたま社会部で司法記者クラブで裁判取材を担当する後輩に資料を見せてもらっていたら、不当解雇だと訴えているお坊さんが「私はニセ坊主です」と書いているのが目に入った。「ニセ坊主」とは、不当解雇よりもこっちのほうが面白いじゃないか、と取材に入っていったんですね。

概要を簡単に説明すると、その寺はハローワークでお坊さんの見習いを募集して、見習い期間の間、お通夜などで読経や儀式を行わせていたんです。本来、高野山真言宗は、本山に僧籍を登録せねばならず、そのためには、さまざまな修行が必要なものです。しかし僧籍を登録して高野山真言宗の正式な僧侶になる前に、まるで3年の更新を前に派遣切りをするように、更新前に彼らの雇用を切ってしまうのです。しかし、一番の問題は、雇用を切ることにあるのではない。まさに「誰の立場に立って取材をするか」という問題です。その「ニセ僧侶」の話を聞くと、葬式やお通夜に出かけた場合、お経くらいはあげられるけれど、その後の法話で何を話せばいいのかわからず、インターネットで調べて、真言宗なのに浄土真宗の法話を調べて話したらみんなが感動してくれた、とかそんな話をする。話としては面白いんですが、そりゃねえだろう、という話です。

実際に、通夜で「ニセ僧侶」をよこされてしまったおばあさんに取材をしたところ、それは、長く一緒に暮らした妹さんの通夜でした。ずっと独身で、お互い最後の身寄りということで支え合ってきた高齢の姉妹です。そんな大事な妹さんの葬儀に「ニセ僧侶」をよこされただけでなく、200万円の寄付をした。被害者の方の話がひしひしと伝わるんです。妹亡きあとはネコをとてもかわいがって暮らしていて……。そういう取材をすると、自分の、この取材に対するスタンスがバチッと決まるんですね。よし、やるぞ、ということになる。そのような被害者、犠牲者の取材をしていなかったら、寺側も必死に反論してくる中、最後まで到達できただろうか、と思います。

調査報道をするということは、敵である相手の人生に影響を与えるということです。相手方のキャリアを破壊するし、彼らの人生を狂わせることになる。しかしそれにも増して大事なことは、犠牲者の立場に立つということです。調査報道に関する著書も多いマーク・リー・ハンターさんの著書に、アルジャジーラーの調査報道局長の「調査報道が報われるのは、見知らぬ誰かが突然近づいてきて、ありがとうと感謝されることだ」という言葉が紹介されていました。そうでないと、我々も鉄の心臓ではありませんので、敵であろうと、調査報道によって、その人がクビになったり仕事を無くしたりすることに対して、強くあり続けることは難しいと思います。敵本人だけなら良いけれど、家族がいる場合もありますからね。
とても辛かったのは、以前、横領事件に関連する取材で、相手方に取材にいったら、本人が留守で、家族が我々の取材を悪い話だと思わずに家に通してくれて、お茶やお菓子を出してくれたりした。そのうち本人が帰ってきて、横領の証拠を示して詰め寄る。証拠も揃っているので、相手も認めざるを得ないわけですが、頼むから書かないでくれと。横領した金は弁償するから、と頼み込まれる。その横領については、奥さんも家族も知らないんですね。玄関先には子ども用の自転車もあって……。自分の報道で、その人の人生がめちゃくちゃになるわけですから。報道するには、それにあまりある犠牲者の悔しさや理不尽さを取材していなければやっていけません。それは日本だけではなく、世界共通のことだと思います。

司会　マスコミとジャーナリズムを考えたとき、その二つに違いはあるのか、もしくはメディアとは何なのか。そのあたりが自分でも曖昧なのです。これらの言葉をどのようにみなさんがイメージしているのか、それぞれ想定するものが違うのか。今日は、調査報道ジャーナリズムとは何か、ジャーナリズムとは何かということを、みなさんと共に考えていきたいと思います。質問がある方いらっしゃればどうぞ。

参加者E　アメリカでは、リーマンショック以降、既存のメディアから切られた人、辞めさせられた人たちが立ち上がって、調査報道プロジェクトを立ち上げたというイメージがあります。しかしワセダクロニクルの場合、渡辺編集長などは、自ら辞められたということですよね。日本のメディアの中にいる人たちは、まだまだそのような危機感を持っていない人が多いのではないかと思います。
そこで質問したいのは、ワセダクロニクルは、日本の既存のメディアでは調査報道ができないという思いでやっていらっしゃるのでしょうか。もしもそうであるならば、日本のメディアでそれができない構造的な問題があるということなのでしょうか。

❖「生計を立てられるような構造がいまの日本にはない」

花田　アメリカの調査報道でも、必ずしも既存メディアから切られた人がやっているわけではなく、たとえば、ワシントンポストの編集主幹がネットメディアに移るというようなこともあります。既存メディアから切られた人たちだけが作り上げているのではなく、既存メディアでやりたい仕事ができないと見切りをつけて、積極的に移っていった人たちもたくさんいます。

ワセダクロニクルのスタッフも基本的にそうです。既存メディアの中ではできないことをやれる場所を求めて、メディア企業を飛び出したということです。

しかし残念ながら、アメリカとの大きな違いは、辞めたあとにあります。

アメリカの場合は、既存メディアを飛びだした記者たちの受け皿がある。仕事だけではなく、経済的な受け皿がある。アメリカでは現在、非営利のニュース組織が100団体以上ありますが、それを支えているのが誰かというと、民間の助成団体だったり、たとえばビル&メリンダ・ゲイツ財団のような、巨万の富を築いた人たちが社会的な還元をするために立ち上げた財団などが、人権や差別、教育、芸術、環境、そしてジャーナリズムなどにお金を供給しているのです。

アメリカのNPOやNGOは、ジャーナリズムに限らず、いま挙げたような分野においては、雇用市場になっていて、人々はそこできちんと報酬をもらって働いています。そのように寄付金でまかなわれている経済構造がアメリカにはあるんですね。そこが日本と違います。日本には、企業を飛び出した人の受け皿、特に経済構造の受け皿がありません。

いま、「マスコミ」という言葉はどのような意味なのかというお話が出ていましたが、日本の場合、メディアのすべてが「マスコミ」という体制の中にある。マスコミとは何者かというと、つまり、企業なんですね。企業、あるいは会社がとりしきっている世界です。だから、日本のいわゆるマスコミにおいては、フリーランスは場所を見いだせない。全部会社がしきっているからです。

しかし本来、ジャーナリズムにおいてフリーランスであることは、歴史的にも、そしていま現在においても、当たり前にある普通の姿です。常態であるにもかかわらず、そのフリーランスがいまの日本では暮らせない。調査報道をやりたいが、いまのメディア企業ではできないと思う人が多かったとしても、その人たちが会社を出て、やりたいことがやれて、生計を立てられるような構造が、いまの日本には依然としてないのです。

それなのに、渡辺編集長は、受け皿もないのに出てきてしまった（笑）。ですから、早稲田大学ジャーナリズム研究所が受け皿になったのです。しかしいまだに、経済的な受け皿はありません。大学の軒下を貸すことしか、渡辺編集長たちジャーナリストの調査報道を支援することができていません。

ワセダクロニクルには二つの課題があります。

ひとつは、いま、日本のいわゆるマスコミと呼ばれる世界で実現できていない、調査報道ジャーナリズムをきちんとやっていかなくちゃいけないということ。渡辺編集長らはまさにそれこそをやりたいと言っています。

そしてもうひとつは、そのようなジャーナリズムを、経済的にまかなっていくしくみを作るということも同時にやらなくてはならない。この二つのことを同時にやっていかなくちゃいけないという意味では、ワセダクロニクルは非常に辛く、難しいプロジェクトなのです。

渡辺編集長のように、朝日新聞社を辞めて、調査報道に特化した仕事をしたいという人は、おそらくメディアの中に他にもいると思う。しかし実際にはそこを出ることができないんですね。受け皿がなく、生計を立てることができないから。だからこそ、経済的なしかけ、ビジネスモデルを作っていかなくてはならない。

同時に、調査報道自体もパワーアップしていかなくてはならない。この二つの課題をワセダクロニクルはかかえていて、その二つの課題についての研究開発実験を、いまやっているということです。お金を集めるしくみも研究開発実験です。ジャーナリズム研究所は、渡辺編集長たちに報酬を払えないので、彼は貯金を食いつぶしながらこの仕事に関わっている。

取材活動費は、これまでの寄付金や、現在進んでいるクラウドファンディングでなんとかまかなっていますが、関わっているジャーナリストたちの生計を立てられるような経済システムは未だ実現できていません。

❖「セクショナリズムは、旧日本軍と一緒」

渡辺　会社を切ったのか切られたのかというのは、まあ、お互いさま、みたいなところがあって、以心伝心で辞めたみたいなところはあります（笑）。

朝日新聞は2014年に慰安婦問題に絡む池上コラム不掲載事件が発覚しました。しかし事実の誤りのない原発「吉田調書」報道を突然持ち出し、記事を取り消し、社長が謝罪の記者会見をする事態になりました。かなりがたがきていた。それまでは調査報道を専門にする部署は、わりとイケイケでやってきたけれども、それ以降は非常に大変な状況になった。それまで弁護士との折衝や編集局長とのやりとりは、デスクや特報部長の仕事だったのに、僕ら記者もそれをやらなければいけなくなった。企画を通すのにも、編集局長がいて、局長補佐が3人ぐらいいて、僕ら記者が説明しなければならない。今回のような製薬会社の関連記事ならば、科学医療部の編集委員や、部長、デスク、特報部長も参加するような会議です。当然みんないろいろ言いますから、なかなか決定しない。

このような編集局内でのやりとりだけではなく、顧問弁護士のところまで行かなくてはならない。

取材チームの提案を通そうと、申し入れ文書を顧問弁護士に提出した時がありましたが、署名は取材班の3人だけです。部長もデスクも手を引きましたが、「このまま引き下がったら記者として末代までの恥になる」と取材班だけでも申し入れました。

そんな状況で、段々みんなが萎縮していきました。

いまのメディア企業に調査報道ができるのかという質問に関しては、体力的には十分できるはずなのです。こんなにも体力がある会社は世界中ほかにはないのではないかと思います。ヘリや飛行機を自前で持っているところなんてまずない。しかしそれでも調査報道ができない。

それはなぜなのか。それぞれの記者に覚悟がないというのもありますが、組織体が縦割りで、社会部、経済部、政治部、と、それぞれの持ち場の範囲でしか動けていないということがあります。相手に合わせて取材するのではなく、主体的に取材対象を横断しないと、権力に勝つ調査報道はできません。

そのようなセクショナリズムは、旧日本軍と一緒です。あれでは、何千人いても、いくら金が使えても、調査報道はできません。大手新聞社は、構造的に、調査報道ができない状況になってしまっている。

寄付のことを言うならば、初めての試みのクラウドファンディングで予想以上に寄付が集まったことに可能性を感じています。

僕はよく、飲み屋でこの話をするのですが、我々はジャイアンツではなく、広島カープになるのだということです。大きな樽を持って歩いて、みなさんに寄付をもらって、そのお金でちょこちょこやりながら、選手も、よそからできあがった記者をヘッドハンティングしていくのではなく、自前で育てる。学生を地道に育てて、社会に出して、やがて戻ってきてもらって、一緒にやる、という育成システムです。球場も、早稲田大学という公的なスペースを借りた市民球場です。そんな、広島カープみたいなやり方ができたら良いなと。そういうやり方が、実は調査報道としては非常に強いからです。誰からの介入も受けずにやれるからです。それこそが、既存のメディアではできないことをやるということだと思います。

ところで、今日ちょうど、客席に、伝説の週刊誌編集長である、元「週刊現代」の加藤晴之さんがいらしているのでお話を伺いたいです。加藤さんは、「週刊現代」のイケイケの時代を担った方です。

❖「アカデミズムの中でジャーナリズムの再生、珍しい」

加藤　むちゃ振りですね（笑）。ご紹介いただきました加藤です。今は講談社を退職してフリーランスで編集の仕事をやっています。

取材対象が権力を持っているとか、なにかしらのタブーがあって取材できないとか、取材側を圧迫することができる権力がある相手と闘う時は、取材する側も何か力になるものをしっかり持って闘わないと、非常に厳しい状況になります。

先ほど話に出ていた、ボストングローブ紙の調査報道の実話に基づいた映画『スポットライト』でも、複数の神父による少年への性的虐待が常態化していた教会は、地元では大きな権力をもち取材を阻止するタブーがありました。しかし、ボストンのなかでも貧しく信仰心の篤い家庭に育つ子供たちを彼らは餌食にしていましたが、大人に成長した元「被害者」の勇気ある証言などをもとに教会権力の「犯罪」を告発します。

強大な宗教法人、あるいは国家が国民へ権力を行使する、警察や検察などもそうですが、現在、とても怖いのは、そのような権力が強くなってきていて、それも局所に集中するようになっているということです。たとえば、現在の安倍政権の「官邸」の力は強く、これまで政治勢力にとって手ごわかった財務省官僚や検察官僚も、人事権を官邸に握られてしまって、尻尾を巻いてしまい太刀打ちできない。

先ほど渡辺編集長がおっしゃっていた、福島原発事故の真相に迫った朝日新聞の「プロメテウスの罠」チームの記者による「吉田調書」レポートが、事実上官邸勢力によって葬られてしまったことは本当にダメージです。あれこそが、東日本大震災でおきた理不尽な原発事故の内情に迫る調査報道＝Investigativeレポートだったのに、まるで、そのレポートが、この世になかったことにされてしまった。これは朝日がネット上に全文を掲載したオンラインレポートだったのですが、その紹介記事といえばいいのか、ネットへの誘導をはかるようなかたちで、朝日新聞本紙の一面で、その一部が不完全な形で掲載された際、記事につけられた大見出し、第一原発の職員たちが所長の命令に背いて逃げ出した、という趣旨の大見出しが問題になったわけです。たしかにその見出しは、ミスリードするものでしたが、ネット上のレポートには、原発事故によって職員が一時パニックになり命令違反のようになってしまったことの仔細が書かれていて、まったく問題はなかったんです。

この調査報道の本質は、所長命令違反があったとかなかったではなくて、あのとき、明らかに異常な混乱が起きていたということ、オペレーションが全くできていなかったということこそが重要であって。あのとき第一原発の中で何が起きていたのか、大地震という「天災」が引き金になって、どのような「人災」が起きていたのか、政府・経産省も、東電も、いかになんの準備もしていなかったということなど、われわれが知りたいことが、いっぱいレポートにつまっているのに、完全に封印されてしまった。

大震災、原発事故の被災に関しては、復興相の問題発言などもありましたが、原発事故当時の真相だけでなく、いまも事故処理が継続している原発や、避難区域解除がされた、被災地の現地で、いったいどんなことが起きているのか、いまも、異常な額の税金が投入されているというのに、政府や東電に対して、追及も批判もできていない。本当はそこにメスを入れなくてはならないのに、まったくそれができていない。新聞、雑誌、テレビというレガシーメディアというべきか、既存の商業ジャーナリズムに、しつこい調査報道がやれていない。

昔は、朝日新聞は、「公費天国」や「偽装請負」追及記事など、素晴らしいキャンペーン報道もいっぱいありました。それも、「プロメテウスの罠」という特別報道部の地道な調査報道が最後かもしれません。

「プロメテウスの罠」にかかわったのは、朝日新聞社の、本流ではない、異端の記者たちでした。たとえば、新聞社会部の本流といえば、検察や警視庁の担当を歴任するわけですが、当時の特報部には、そういうエリートがいなかった。でも、検察や警察側の論理にからめとられてしまうエリートでなかったから、読者目線にたてた、やる気まんまんで志の高い人たちが集まって、面白いチームができていた。昔から、新しい文化や革命は辺境から起こると言われるけれど、まさに辺境にいた野武士のようなサムライがあつまったわけです。

いま、早稲田大学というアカデミズムの中で、みなさんはジャーナリズムの再生をやっていらっしゃる。ひとつの試みとして非常に珍しいことだと思います。

アメリカの「プロパブリカ」を始め、中国でも大気汚染や公害問題に取り組む市民グループなど、世界には、新しいかたちで報道しようとする動きがたくさんあります。日本ではそのような市民運動的なジャーナリズム活動に盛り上がりが起こらないのはなぜなのか。そこが知りたいですね。

いまはネット社会になって、なんでも情報がネットに流れてきて手に入るけれど、それが本当に事実なのか、情報操作にもとづくタメにする話なのかわからない。取材をして、重要な情報なのかどうか嗅ぎ分け、きちんと調べて書く、伝わりやすい形で書く、深く調べて書く。それをやるためのジャーナリスティックな環境をジャーナリストに提供するのが本当に厳しくなっていて、それが不安ですね。

❖「調査報道を支える市民社会が日本にあるか」

花田　フェアであるために、先ほど申し上げたことに補足します。日本でいままで調査報道ジャーナリズムがなかったかというと、そんなことは毛頭ありません。立花隆さんと文芸春秋による田中角栄の金脈問題、朝日新聞横浜支局のリクルート事件。朝日新聞鹿児島総局の志布志事件や、高知新聞の県による闇融資など、日本でも、過去に優れた調査報道が多くあった。その最後が「プロメテウスの罠」だった。

ワセダクロニクルの新しさは、非営利、ノンプロフィットのビジネスモデルであるということです。また、大学に拠点を置いているというのも新しい。アメリカでは私の知る限り、大学に拠点をおいているところは二つほどありますが、日本にはありませんでした。非営利で調査報道に特化したニュース組織をウェブに立ち上げるというのもなかった。その点ではクロニクルは、新しい領域をひらこうとしているわけですね。

では、どういう方向で開こうとしているのかというのが、今日のタイトルの副題にあります。「ジャーナリズムは誰のものなのか」ということです。どこに我々は立ち返るべきなのかということです。いままでを見ていると、ジャーナリズムというのは、マスメディア企業を舞台として行なわれるものと見ざるを得ない傾向が非常に強かったと思います。つまり、ジャーナリズムとは、マスコミをやっている人たちのものという傾向があった。

ワセダクロニクルが考えているのは、いままでと違う方向のジャーナリズムです。ジャーナリズムは誰のものかという大本に立ち返るということです。そのために、みなさんそれぞれに手伝って欲しいと思っています。

ジャーナリズムは誰のものなのかを考えたとき、ワセダクロニクルの答えは、ジャーナリズムは、ジャーナリストをやっている人たちのものではなく、一般の人々、市井の人々のためのものであるということ。そのために自分たちは仕事をするのだというポジションだと思います。我々は市民社会のために仕事をする。何をするのか？　公権力を監視するという仕事を通じて市民社会のためになる仕事をしていくということです。さらに言うなら、公権力の活動の中で被害者や犠牲者が生まれるので、その人たちを救出するために、自分たちはジャーナリズムをやるのだという姿勢に立ち返るということです。

そのために、いままでのメディアの経済モデルとは違う形が必要とされているのです。市民社会、市井の人々に支えられる、経済モデルを作っていきたい。

もちろんこれまでのマスメディアもそうだったのかもしれない。新聞の購読料を払う人たちに支えられていたし、スポンサーもいて、広告収入もあった。その広告費とは、消費者の購買力を原資としていた。そういった「マスメディア」経済モデルが約一世紀続いてきた。その結果、いまの姿は、広告主のためのマスメディアになってしまう、あるいは、政府・省庁・警察の広報機関であるかのごとき姿になってしまった。

そのような状態に対しての強い批判が市民社会にはあるのです。その批判に応えていきたいという思いがワセダクロニクルにはあります。

韓国の人口は日本のほぼ半分と言われますが、その韓国で、調査報道メディアのニュースタパに、約4万人の支援者が、毎月1000円、年間五億円の寄付金を提供している。その寄付金で、ニュースタパは、20人のジャーナリストと、20人のスタッフを抱えて、総勢40人で、市民社会に支えられる形で、調査報道メディアとしてやっている。

ワセダクロニクルにもそれは可能なのか。調査報道を広く支えようという市民社会は日本にあるのかどうか、ということです。これは、日本の市民社会の問題でもあります。それが問われているのです。我々ワセダクロニクルは、それをリトマス試験紙のように試しているのだと思います。

❖「市民といかに共闘をできるか」

参加者F　いま、花田さんがおっしゃっていた、市民が調査報道を必要としているのかどうかということですが、雑誌やテレビもふくめて、マスコミの方は、市民を、記事を受け取る側としてしか見ていないのではないか、そういう思い込みがあるのではないかと私は考えています。私も仕事のかたわら、自分の地域で活動していて、素人なりに熱心に調査し、情報公開請求をしたりさまざまな情報を調べて、地元の腐敗を調査しています。そのことを記者たちも知っているので、地元の記者たちは私達の団体に話を聞きに来る。

以前、わたしが関わっていた国際関係のNGOなどでも、新聞社の外報部の方たちは、まずはその地域で活動しているNGOなどの市民団体を訪ねて、話を聞きます。それは、新聞社やマスコミよりも地元の市民に関わっているNGOの人たちのほうが知っていることが多いということがわかっているのです。そして市民運動をやっている人たちは問題意識がある人も多いし、調査も自力で行っている。

マスコミと違うのは、大きなメディアを持っていないだけだと思います。市民が、自分たちを受け手と考えて、調査報道があるといいな、と寄付をするのではなく、市民もまた意識を高く持って調査をしているということ。マスコミであろうと、草の根であろうと、メディアの方が、そんな市民といかに共闘をできるかということだと思います。

参加者G　鎌倉から来ました。市民との対話ということなので、市民の目線から話したいと思います。私は鎌倉で、文化財や史跡の保存に関わってきたのですが、最近、生まれて初めて情報公開請求をして、本当にびっくり仰天しました。行政や役人が、こんなひどいことをするのかと思いました。

メディアはまったく調査もせず、議員も調査をしない酷い状態です。最初は、北鎌倉地域の開発計画に関して、どうもうさんくさいということで、初めて情報公開請求をしました。文化財専門委員会の議事録を取り寄せたら驚きました。行政がこれまで言ったこととまったく違っていて、ある委員の発言を貼り付けて議事録を偽造していたんです。こんなことがやれるのか、と。でもそれを議員もメディアも調査をしない。しょうがないので延々と情報公開請求をしました。コピー1枚10円なのでお金もかかります。でもメディアも議員もやってくれないから自分でやるしかないのです。ですから、いま話に出たように、むしろメディアが私達市民と連携してコラボレーションしてくれれば良いと思っています。

参加者H　僕はある不正を確認し、弁護士と一緒に行政に対して文書請求をやり、企業で不正な公金が使われていたことを確認しました。あきらかにそれが行われていることはわかっていたはずなのに、行政はそれをほとんど出しませんでした。過去のことをほじくり出さないでくれというような様子もあったし、僕はもともとはメディアのことなど全然興味のなかった人間ですが、この件に関してはさすがにひどいな、と思っていました。

❖「市民はお金を出す人、読みたい人ではない。市民と一緒に取材を」

渡辺　鎌倉から来られた方がおっしゃっていたことが、ワセダクロニクルの重要な部分です。単なる読者ではなく、一緒にやっていくプレイヤーを求めています。

たとえば、情報公開ひとつとっても、さまざまな障害があります。役所や担当者によってクセがあるし、他ではそんな例はないのに、さも行政の情報公開はこうなってるというように、こちらを騙そうとする人たちもいる。情報公開については、市民と一緒にやっていくということを含めて、こういった場合にどう対応していけばいいかというノウハウについても共有したい。われわれも何度も失敗を繰り返していますが、そのノウハウを共有しながら、どんどん働きかけていこうと思っています。

たとえば、情報公開をしたくても、こちらには、そもそも役所に何の文書があるかもわからない。それでも絞り込みの過程で、資料を手に入れていくんです。

以前、東日本大震災で、海外からの飛行機が成田空港と羽田空港に着陸することができず、着陸できる場所を求めてさまよって14機が緊急事態宣言を出していたという取材をしたことがあるのですが、これは情報公開請求を中心に取材を進めていきました。最初は、国交省の航空局も、航空会社もみな否定をする。そこから情報公開請求を重ねて、あるとき、国交省の担当課で取材をしていると、担当者が何度も席を立って席に戻り、ファイルを確認している。「それは何ですか」と聞くと、航空管制業務の内容を記したマニュアルだったんです。みなそれに沿ってやっているというのです。

ですのでその後すぐに、そのマニュアルを情報公開請求しました。手に入れてからは早かった。彼らは役人である限り、勝手に自分の裁量でやったりしないので、必ず、業務過程の元になるものがある。それが分かれば、情報公開請求で手に入れてやっていく、それだけで全然ステージが変わってくるんですね。

情報公開請求の手法を、ワセダクロニクルのホームページでアップしていけば面白いし、市民団体の方々とも、このようなことに取り組んでいるので一緒にやらないかというように、話し合いながら共闘していきたい。単なるお金を出す人、調査報道を読みたい人、というだけではなく、まさにプレイヤーになって頂きたいと思っています。

参加者G　ちなみに、情報公開請求していて一番びっくりしたのは、逗子市（神奈川県）に行ったときです。鎌倉市だったら莫大なお金かかるのですが、逗子市はたったの90円、CDでデータを出してくれた。自治体によってこんなに違うんだ、と思ったことがひとつ。あとは、情報公開請求をやってきて、突き当たったのは鎌倉のお寺・円覚寺の雲頂庵の腐敗です。何かがおかしいと感じて、これはなにかやばいことをやってるんじゃないかと情報公開請求をしました。地元の人たちにどう「安心・安全」を訴えるかという戦略文書が出てきて本当にびっくりしました。ちょっと注意をしていれば、そのような資料が発掘できるということです。

参加者F　以前、元全国紙の記者が、情報公開請求ひとつとっても、非常にお金がかかる、とおっしゃっていましたね。新聞社に在籍していたとき、いまも在籍している人たちは、そんなことを何とも思わないが、いざ辞めたら、お金がこんなにもかかるのかということがわかって大変だと話されていました。しかし、本質はそこではなく、国や自治体が持っている情報は、本来は市民のものなのだということが根源にあるのですから、それを隠されたり、もしくは「この情報を取り寄せたいがよろしいですか」とお上に聞かねばならず、「よろしい」とか「よろしくない」とか言われ、黒塗りの資料が出てくることにあるのです。そのような状況に対して大変怒りを感じています。

❖「市民社会プレイヤーと連携するジャーナリズムを」

花田　20世紀モデルにおいては、メディアと、普通の人々の関係は分離分断され、送り手がいて受け手がいるような構造になっていました。それは20世紀に、ジャーナリズムがその乗り物としてマスメディアを使ってきたからです。けれどもそのマスメディアが産業として自立したことで、産業の論理で動くようになってしまった。そのことで、受け手と送り手ははっきりと分けられてしまったんです。ところが受け手側とされている人たち、市民社会の構成員たち、市井の人々は、いま、とりわけインターネットの中ではもはや受け手ではないわけですね。自分でも情報を集めることができますし、いままで受け手とされていた人たちの間に大きな可能性が生まれてきていると思います。

いま、マスメディア以外の人々、市民社会側のアクター、プレイヤーとしてのNPOとかNGOとか、自分達自身で、問題提起能力や、調査能力、発信能力を身につけています。国際NGOはそのような活動をしているところがたくさんあるし、人権の分野や環境の分野など、彼ら自身が、アジェンダ設定をしていますね。いまや、メディアを通り越して、ジャーナリストがやってきたことをほかがさかんに行うようになってきました。まごまごしているとジャーナリストがやってきた仕事をほかの人たちがやっていまうかもしれない。そのことにジャーナリストたちは危機感を持ち、自らの職業を見直すべきだと思っています。そうしないと、「もうおまえたちはいらない、自分たちでやるよ」と言われてしまいます。

しかしそれでも、プロフェッショナルなジャーナリストでなければできないことはある。それを生かした取材活動を、市民社会プレイヤーと連携してやっていくようなジャーナリズムを作り上げていくべきではないかと思います。

参加者H　韓国経由で、日本にも「オーマイニュース」という市民記者を集めたメディアがスタートしましたが、全然成功しませんでしたね。

渡辺　失敗の理由はわかりませんが、やはり記者というのは、誰でもできるというものではなく、情報によっては、相手を批判したり失脚させたりという局面にもなる。そうなるとやるほうもそれなりの手間暇をかけないとダメなんですね。そのあたりが、誰でも市民記者、というやり方ではなかなかむずかしかったのだと思います。きちんと調べて「絶対にこれはやるぞ」という強い意志がないと、なかなか成功しない。

花田　市民記者というやり方もあるとは思うが、オーマイニュースが成功しなかった理由は、明らかで、それはプロフェッショナリズムの欠如だったと思う。それだけ、権力は強力だということです。何か調べようと思ったときに、権力機構は鉄壁の強さを持っているのですから、本質に関わるような深いものを引きだそうとするなら、プロでないとできないと思います。素人が相手にできるようなやわな存在ではないです。そういう権力機構を相手にして、彼らが隠そうとしている情報を、白日の下にさらすこと。それは相当なスキルと相当な能力が必要です。いわゆる市民記者レベルができることと、本格的なジャーナリズムができることは格段の差があると思います。

参加者Ｉ　既存メディアへの批判は強いけれども、既存メディアだからできるという意味では、既存メディアの記者は、入社のときから、普段の取材活動に至るまで、相当なプレッシャーの中で訓練を受けていますね。きびしい試練をくぐり抜けて、そういった取材の手法などを組織の中で教えられてきた人たちですし、また、いわゆるストレートニュースは、新聞やテレビでないと対応できないものもあると思う。ストレートニュースもまた、調査報道のためには大事なものだと思います。それが両輪だと思う。

参加者Ｊ　僕は大学の新聞部に属していますが、今期から大学が4学期制を導入し、学生側は非常に混乱しています。新聞部としては、この決定について、なぜ行われるのかを取材し、また学生たちの意見を取材して、何百人という声を集めました。この制度導入に異議を唱えたかったのです。

お聞きしたいことは、調査報道の場合、事実を知らせていくということとは別に、現実に起こっていることを解決していくということに関してはどのように捉えていますか。

❖「調査報道は、相手に打撃を与え、事態を動かし、問題が解消される」

渡辺　それは日頃学生たちにもいつも言っていることで、犠牲者がいて、大変な思いをしている人たちがいて、そこで声をあげてやっていくというのはとても大事なことです。しかし、調査報道においては、それはまったく意味がない。調査報道では、相手に打撃を与えて、事態を動かして、その問題が解消されるまでやらないとダメなんですね。

勝負事と一緒にしてはいけないが、絶対に勝たなければならないし、勝ちきらないとならない。

岸辺に貧しい人たちがいて、かわいそうだから一緒に寄り添ってあげて、一緒に泣くというのは、プロの仕事ではない。そういう人たちがいるということがわかったら、向こう岸に渡って、すぐに闘わなくてはダメだということ。単に声を上げる、弱者の声を代弁するのでは意味がない。それを超えることをやりたいから、調査報道をやるのです。たとえば、さきほど話した高野山の報道について、最後はどうなったかというと、当時の高野山真言宗のトップたちは退陣しました。他の腐敗も出てきて。

ともかく、こっちに良い人がいて、あっちに許せない人がいて、あの人たちはずるい、ずるい、と声を上げるというだけでは、あちらにとってはまったく怖いことではない。

いまのお話で言うなら、教授陣がなぜそんなにも4学期制にこだわるのか。本来大学は学生たちが主人公なはずなのに、学生たちが望まないものをなぜこんなに強引に行うのか、まずはそこから突き止めていく。何かがあるかもしれないし、それを相手のふところに入って、ちゃんと掴んで、ひっくり返さないと。そこまでやれるかということです。

声を上げることは大事だけれども、新聞やテレビで、「こんなひどいことが起きています」とやるのは、ひどい目にあっている人たちの声を集めてきているだけに過ぎない。きちんと不正の証拠を掴んで、1面でストレートニュースで書き切るくらいのことをやっていかないといけない。その感覚が日本のメディアには足りていない。

司会 本日はありがとうございました。

渡辺・花田 ありがとうございました。

Ⅱ．◉シンポジウム——調査報道ジャーナリズム　世界の最前線から Power is everywhere ～そこにある権力

＊本稿は、２０１７年５月３日に開催されたシンポジウム「調査報道ジャーナリズム　世界の最前線からPower is everywhere ～そこにある権力」を元に、本書のために加筆・修正した。シンポジウムの開催記録は以下の通り。

日時＝２０１７年５月３日（土）13：30～17：30／会場＝早稲田大学 早稲田キャンパス 14号館４０１教室

主催＝早稲田大学ジャーナリズム研究所、ワセダクロニクル／後援＝早稲田大学総合研究機構

第１部　基調講演「Power is everywhere」　マーク・リー・ハンター

第２部　パネルディスカッション「調査報道の何を誰がどのように支えるのか」

　パネリスト＝マーク・リー・ハンター、佐藤直子、渡辺周／司会＝花田 達朗

They can “affect or
the activities
(Freeman et
“without [their]
the organization wou
(Freeman and

◆登壇者略歴

マーク・リー・ハンター　Dr. Mark Lee Hunter

調査報道ジャーナリスト、研究者、メディア・トレーナーなど多岐にわたる。The New York Times Magazineなどに２００本以上の調査報道記事を発表し、フランスで人気のある左翼政治家ジャック・ラングの評伝など多くの本を出版している。Investigative Reporters and Editors（ＩＲＥ）など多くの賞を受賞した。世界各地で調査報道のワークショップを開催し、トレーナーとして活動している。国際調査報道ジャーナリズム・ネットワーク（ＧＩＪＮ）の創立メンバーの一人である。日本での編著書に『調査報道実践マニュアル―仮説・検証、ストーリーによる構成法』（高嶺朝一・高嶺朝太訳、旬報社、２０１６年）。

国際的なビジネス・スクールＩＮＳＥＡＤの Social Innovation Centre で非常勤教授および主任研究員を務める。

佐藤直子（さとう・なおこ）

ジャーナリスト、東京新聞（中日新聞東京本社）論説委員兼編集委員。社会部・特報部を通じて人権の問題に関心を持ち、転換期の公教育や少年事件、非正規労働、女性・障害者・在日コリアン・ホームレスなどマイノリティーへの差別、犯罪被害者支援や加害者更生、夫婦別姓など民法改正問題、民衆の戦争体験などをテーマに連載企画。米軍基地被害に苦しむ沖縄や福島原発事故の被害を継続的に伝える。共著書に新聞連載「記憶〜新聞記者が受け継ぐ戦争」を書籍化した『あの戦争を伝えたい』（第12回平和・協同ジャーナリスト基金賞）、『ジャーナリズムの条件』、『イラク「人質」事件と自己責任論』、『私にとっての憲法』など。早稲田大学ジャーナリズム研究所招聘研究員。

＊**渡辺周、花田達朗、大矢英代**は編著者略歴を参照のこと。

❖シンポジウムの開催にあたって……花田達朗

今日のイベントは、ジャーナリズムのための、ジャーナリストのための、そして、ジャーナリズムを支援しようとする市民の方々のためのイベントです。残念ながら、今日新聞記者や報道スタッフたちは憲法記念日の取材でいろいろ忙しく、ここに来たいと思っても、他の仕事で来られない人も多かったろうと思います。本日のシンポジウムは、これからの日本のジャーナリズムにとっておそらく大変重要なものになっていくと、主催者として確信しております。

今日は前半、お招きしましたマーク・リー・ハンターさんの基調講演があり、休憩後最初に、10分程度のリポートのビデオをごらんにいれます。アメリカにおける調査報道ジャーナリズムの状況を取材してきたばかりのものです。そのあとに、パネルディスカッションを行いたいと思います。

まずは、マーク・リー・ハンターさんについてご紹介します。

ハンターさんを日本にお招きするきっかけになったのは、受付でも販売しておりますこの本です。この『調査報道実践マニュアル』（旬報社）という本はハンターさんの編著書で、昨年の秋に翻訳出版されたものです。この原著は『Story-Based Inquiry』というタイトルで、ユネスコから刊行されています。内容は、調査報道をどういう方法でやっていけば、それほどのコストもかけずにやれるのか、そして成功率も高くやれるのかという方法論が書かれており、それを通じて解決していくためのマニュアルです。

このマニュアルは、数カ国語に翻訳をされております。やっと日本語の翻訳を、２０１６年に出すことができました。この本と同時に出版したのが『調査報道ジャーナリズムの挑戦〜市民社会と国際支援戦略』（旬報社）という本で、私を含めて3名の日本人研究者が調査報道ジャーナリズムについて、社会的、法的に論じているものです。さらに加えて、世界調査報道ジャーナリズムネットワーク（GIJN: Global Investigative Journalism Network）会長のデービッド・カプランの国際支援戦略を翻訳して掲載しています。

このように、日本における調査報道の裾野を広げていくという努力をしつつ、我々のジャーナリズム研究所は、調査報道ジャーナリズムプロジェクトでワセダクロニクルというニュース組織を立ち上げ、今年の2月1日に記事の発信を開始しました。『買われた記事』という創刊特集をもって、ワセダクロニクルはスタートしました。現在ネットでご覧頂けます。それを見てこのイベントに来られた方々も多いのではないでしょうか。

さて、今日の基調講演の前に、非常に重要な二つの言葉について、若干解説をしておきたいと思います。

ハンターさんはこの『調査報道実践マニュアル』に基づいて、調査報道ジャーナリストを養成するためのトレーニングをさまざまな国で提供されてきた、調査報道についてのトレーナーの第一人者でもあります。調査報道ジャーナリズムのビジネスモデルについても、この間ずっと考えてこられました。調査報道をどのように、経済的なモデルで持続可能に成り立たせるかということは、大変重要なテーマです。そのことについてもハンターさんは深く関わってこられました。今日、ひとつのグローバルなムーブメントとして、調査報道ジャーナリズムが展開されているわけですが、そこでのモデルとして、非営利モデル、ノンプロフィットモデルで調査報道をやっていく、というスタイルが、とりわけ米国において、普及しているわけですね。

その非営利モデルを第一のモデルと考えた場合、今日ハンターさんが基調講演でお話をされる内容は、いわば第二のモデルだと言えます。

それは、ハンターさんのプロジェクトが現在ここ1年の間に新しく考え出したアイディアで、今日の講演でその第二のモデルについてお話をされたいということなのです。これは出来たてで、現在も発展中のモデルです。ハンターさんはつい先日もオランダでこのお話をされて、ディスカッションをされてきたばかりです。多くの場所でディスカッションの対象になるテーマだと思います。この、第二のモデルは、英語でいいますと〈stakeholder-driven media（ＳＤＭ）〉というものです。「ステークホルダーによって駆動されていくメディア」という意味で、いままでのメインストリーム・メディアとは別のモデルとして考えられているものです。

そのモデルの説明にあたって、二つの重要な言葉があります。そのひとつは「コミュニティ」、そしてもうひとつがこの「ステークホルダー」です。この両方の言葉がキーワードです。

コミュニティという言葉は、日本語で普通に訳せば「地域」です。地域は、ひとつの地理的な広がりを表す言葉です。たとえば長野市という地域がある。そういうイメージです。しかし、ハンターさんが言うコミュニティとは、地理的な広がりというコミュニティではありません。何かの目標、何かの価値、何かの機能などを共有する、グループや主体、という意味です。それが共同体＝コミュニティです。そこで理解して頂きたいのは、コミュニティとは、地方自治体や地域というような意味ではなくて、何か重要な問題に対して関わりのある人たち、関与しているグループ。その中のプレイヤーやアクター、そういうものをコミュニティと定義しています。

また、もうひとつの言葉である「ステークホルダー」。これはなかなか翻訳が難しい言葉です。

日本語でステークホルダーという言葉が登場したのは十数年前。株主重視の議論の時に出てきました。会社は誰のものなのかという議論があって、株主というステークホルダーを重視するという主張の中でこの言葉が使われ、日本語のカタカナボキャブラリーの中に入ってきました。利害関係者という意味になりますね。しかし、今回、調査報道ジャーナリズムの文脈で言うステークホルダーは、あるテーマ、ある問題、ある目標、それに関与するプレイヤー、アクター、などの構成員たちのことです。これがステークホルダーです。ちょっと飛躍した言葉を日本語で使えば、問題の当事者と言っても良いかと思います。なかなかステークホルダーの日本語が見つからないので、そのような言葉も頭の中に置いてイメージして頂ければと思います。

今日のお話は、ひとつの経済モデル、ビジネスモデルのお話でもありますので、ハンターさんのバックグラウンドについてもお話したほうが、理解の助けになるかと思います。

ハンターさんはジャーナリストであると同時に、国際的なビジネススクールＩＮＳＥＡＤ（インシアード）の、ソーシャルイノベーションセンターの非常勤教授および主任研究員をされています。ビジネススクールで教えられているというキャリアもあるため、ビジネススクール的な発想が、今日のお話の中にも反映しているということ、これを前もって理解して頂くとわかりやすいかと思います。

◆訳語について◆ Stakeholder-Driven Media（SDM、ステークホルダー・ドリブン・メディア）はハンター氏が提唱し、ジャーナリズムに登場した新しい概念だ。Stakeholderは元々は、株主や従業員といった企業にとっての利害関係者を指す言葉だが、ジャーナリズムの分野では、ある特定の価値や関心、問題意識を共有している共同体（コミュニティ）を構成する個人や組織を指す。地理的なコミュニティではない。共通の価値を共有するコミュニティが駆動させる（Driven）メディアであり、同時にそのメディアはコミュニティを存続させる社会的機能を担う、という関係になる。この概念に従えば、ワセダクロニクルは、真のジャーナリズムに価値を置き、ジャーナリズムの役割として権力監視を必要だと考えるコミュニティのステークホルダーたちに支えられるメディアという位置付けになる。メインストリーム・メディア（主流メディア）とは明確に性格を異にする。本書では、Stakeholder-Driven Mediaを「ステークホルダー・メディア」という日本語で表記し、日本で初めてこの概念を紹介する。便宜上、「SDM」という略語も使用している。

❖第1部 ◉基調講演――「Power is everywhere」……マーク・リー・ハンター

皆さん、初めまして。マーク・リー・ハンターです。ご紹介頂いた内容に少し付け加えます。今回皆さんの前で講師としてお話させて頂くまで、私は20年間にわたり、調査報道の第一線で仕事をしてきました。しかし、ここ15年ほど前から、ヨーロッパではジャーナリストたちが大きな変化に直面しています。仕事が減少し、大学でジャーナリズムを学んだ学生たちでさえ、調査報道ジャーナリストとして働くのが困難な状況にあるのです。私が教えていた生徒たちも、仕事が見つかるのかどうか非常に不安を感じていました。なんとか解決策を探らなければならないと私は考えるようになっていました。特に、彼らにはただのジャーナリストではなく、調査報道ジャーナリストとしての道を進んで欲しいという意味で。ですから、今回は、調査報道の理論をお伝えする機会にしたいと思っています。去年（２０１６年）のトランプ氏が当選した米大統領選挙で気付かれたと思いますが、いまメディアのあり方が問われています。

ブライトバート・ニュース・ネットワーク（Breitbart News Network）のように、米国ではいわゆる主流メディアでないメディアが台頭してきたということです。

ですから今日のシンポでは、新聞やテレビといった主流メディアの競争相手となる、どんな新しいメディアが台頭してきているのかということをお話したいと

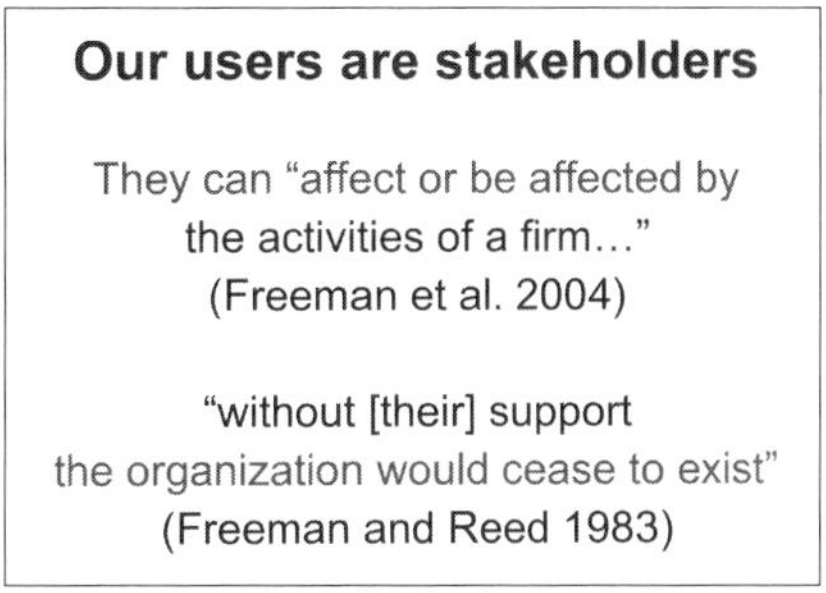
Our users are stakeholders
They can “affect or be affected by the activities of a firm…” (Freeman et al. 2004)
“without [their] support the organization would cease to exist” (Freeman and Reed 1983)
ステークホルダーの定義とは

思います。それではみなさん準備は良いでしょうか。

最初に花田先生も指摘されましたが、「ステークホルダー」という言葉は、大学の研究者などが使う専門的な言葉でした。私が使用するステークホルダーという言葉が示すもの、それは二つの要素があります（上図参照）。

まずは、特定の企業や組織によって「影響を受ける」グループのこと。そして、企業や組織に「影響を与える」グループのことです。彼らの存在はとてもパワフルで、彼らなしでは、その組織は存在できないでしょう。

私が今日話すのは、権力（power）についての話です。権力や力は私たちの周りのいろいろなところに存在します。では、私たちジャーナリストは、それらをどのように活用して、メディアを発展させていけばいいのでしょうか。私たちのユーザーに力を与えるためには、何をすべきでしょうか。その方法はひとつではなく、多岐に渡ります。

こちらが、その一例です（次頁の図参照）。

１９９５年、大きな出来事がありました。環境保護団体・グリーンピースが北海で油田を占拠した際、自分たちの行動をビデオで記録し、自分たちで世界に発信したのです。その年に、グリーンピースはメディアとしての存在を得たのです。２０１６年、彼らは、今度は調査報道ジャーナリズム機関として活動を始めると宣言をしました。図の左にあるのがグリーンピースで、右にあるのがブライトバートというメディアです。

ブライトバートとは、アメリカの保守系メディアで、これが、なぜトランプ大統領が当選したかということを解く鍵です。

1900年代から現在のステークホルダー・メディアの事例

最後に紹介するのは、ブライトバートやグリーンピースとも共通点があるメディアです。この図の下に見えているプレスクリール（Prescrire）です。名前の由来は「薬を処方する」というフランス語です。

このウェブサイトを立ち上げたのは、元国境なき医師団の医師でした。通常、薬品などを扱うウェブサイトは製薬会社の広告収入を財源として成り立っていますが、プレスクリールは、製薬企業が一般の人たちに知られたくないことを、恐れることなく発信をしてきました。いまでは、フランスの中では医療分野でもっとも力のあるメディアのひとつとして知られています。

さて、この三つの組織（グリーンピース、ブライトバート、プレスクリール）の共通点は何でしょうか。

それはニュースを一般社会に広く知らせるのではなく、ある共通の関心を持った特定のグループに伝えようとしていることです。そして、その情報は、既存の主流メディアでは伝えられていない情報なのです。

これら新しいメディアが台頭する以前、主流メディアでは大きな動きが起きていました。次の頁の表はアメリカの主流メディアへの信頼度を示したものですが、他の国の主流メディアとも共通すると思っています。

２００２年、アメリカ国民の約70％は「主流メディアを信じる」と回答し、「信じない」と回答したのは30％でした。しかし、２０１２年を見てください。この10年間で「信じる」は56％まで減少しました。２０１６年の最新の統計はまだ公表されていませんが、さらに減少していると思われます。既存の主流メディアの信頼度が下がっているということは、２０１６年の米大統領選挙を見ても、トランプが主流メディアと全面対決をし、勝ったという点でも分かることだと思います。

私たちは研究者ではありませんので、この現象の原因を特定することは出来ませんが、私の個人的な考えを申し上げます。アメリカで株価が暴落し、市民生活に深刻な影響が続いていました。２０１２年の段階でもアメリカは、住宅ローン危機に端を発した経済不況から脱出できていないままでした。アメリカ人にとって主流メディアの役目とは、人々の生活をより良いものにするための情報を提供することだと信じられてきましたが、どちらのケースでも主流メディアは、なぜ経済不況が起きたのか、今後の市民生活がどれほど深刻な打撃を受けるかということを市民に伝えることが出来なかったのです。人々はニュースへの信頼を失いました。それが、いま、「もうひとつのメディア」を生み出した原因だと私は思っています。

… While MSM credibility dives

Pew: Average believability ratings across 13 U.S. news organizations

YEAR	POSITIVE	NEGATIVE
2002	71	30
2006	61	38
2012	56	44

主流メディアへの信頼度

ここで主流メディアと「ステイクホルダー・ドリブン・メディア（ＳＤＭ）」の違いについて説明します。

主流メディアは、私たちが普段日常的に目にしている新聞やテレビなどです。政治、経済、スポーツ、料理など多岐にわたる情報を伝えています。一方、ＳＤＭは、それとは全く違うものです。グリーンピースのように環境問題に関心がある人など、特定のテーマに関心のある人に対して伝えているものです。

「伝える」姿勢にも大きな違いがあります。

主流メディアは、客観性や中立公正を重要視します。あらゆる物事を視野に入れ、「良い」「悪い」「正しい」「誤り」といった判断を下すのを避けます。一方、ＳＤＭは違います。グリーンピースやブライトバートは自分たちの意見をはっきりと表明します。彼らが何を考え、社会に何を求めているのかということが手に取ってわかるような透明性のあるメディアです。

以前、すべてのニュースメディアは特定の政党の支持を表明する、非常に政治的なものでした。ＳＤＭの台頭によって我々は過去に逆戻りしていると思われるかもしれませんが、私はそう思っていません。むしろ、中立客観主義から、より透明性のあるメディアに移行しているように感じます。

そして３つ目の違いは、伝える内容です。主流メディアは、「いま現在何が起きているのか」を重視しますが、ＳＤＭは「過去に何が起きていたのか」に注目するのです。過去の出来事を知ることで今を見つめ、さらに将来何が起きようとしているのかを予測することができると考えるからです。

It's not the same news paradigm

Business Model	MSM	SDM
Audience	Heterogeneous	Community
Ethics	Neutral	Transparent
Time focus	Present	Past and future
Value proposition	What matters	What to do about it

主流メディアとSDMの違いとは

最後に、もっとも重要な違いがあります。これは私が実際に主流メディアで働く中で気がついたことです。

主流メディアは「読者や視聴者が考えるべき重要な問題はこれだ」を伝えます。しかしＳＤＭは、「重要な問題に対して私たちが何をしなければならないのか」を伝えているのです。主流メディアのように「こんな問題があります」とだけ報じて終わりではなく、「こんな対策があります」と、いわば問題の解決法まで伝えているのです。

たとえば、皆さんがグリーンピースのサイトを見るときには、環境が大切だということを知りたくてアクセスするのではないですよね。グリーンピースを通して、何をすれば環境を守ることができるのかを知るためにサイトを見るのだと思います。

ＳＤＭが主流メディアの強豪相手となったのはなぜか。それはＳＤＭには３つの利点が存在するからです。

この図の左上の写真を見てください。これは第一次世界大戦のときの塹壕の写真です。ＳＤＭのイメージと捉えてください。彼らは、特定のグループの人たちと行動を共にし、常に情報源の最前線にいる。つまり「主流メディアよりも早く情報を掴むことができる」という利点があるのです。

ＳＤＭの３つの利点

二つ目の利点とは「独自のメディアを持っている」ということです。大手の新聞やテレビに依存せずに、自分のチャンネルを通じて情報を発信できるのです。

そして三つ目の利点は、主流メディアが「いまの出来事」にニュースバリューを置く一方で、ＳＤＭは「時制に捉われず、過去からの出来事を伝え続けられる」ことです。一過性のニュースではないということです。

これは私も含めてジャーナリスト全員が経験する葛藤だと思いますが、たとえば政治家の汚職など大きな社会問題が起きた時、私たちは一生懸命取材をして記事を書くのですが、ことが済んでしまうと、何もなかったように忘れ去られてしまいます。主流メディアのジャーナリストは、次から次へと起きる最新ニュースを扱わねばならないからです。

しかしSDMは、そんな葛藤に悩まされることはありません。特定のテーマに絞って伝えるからです。同じテーマのストーリーを何年も伝え続けることもできるのです。

いまからお話するのは、そのような新しいメディアが実際どのように社会を動かしたかということです（上図参照）。このニュースは大手では全然報じられませんでした。伝えられなかったからこそ、新しいメディアで情報を得る必要がありました。

共有された事実＝共通の課題

図の左上にある白いボトルは、デュポンという会社が開発した除草剤です。デュポンはこの商品が大ヒットすると信じていました。この除草剤を買う人たちは、芝を整備する人たちです。彼らが利用するのが、ボトルの右にある、芝の手入れ方法などの情報交換サイト、ローンサイトです。その横にあるのは、落ち葉などから肥料を作るコンポストの協会です。全くの無名な団体でした。ビジネスマンである彼らは、除草剤を作ったデュポンにとって顧客ではありましたが、取るに足らない存在と見なされていました。

コンポスト協会はデュポンの宣伝を信じ、新商品（除草剤）は発売と同時に会社の予想通りヒット商品になりました。しかし6週間後、アメリカ国内のあちこちで木が枯れ始めたのです。

ローンサイトのユーザーたちは、この現象に気付き、コンポスト協会と共に行動に出ました。この図の中央の、ある大学の研究所に報告をしたのです。大学が問題の深刻さを認識して、初めて、アメリカ政府の環境保護専門部もこの問題に向き合わざるをえなくなったのです。一方、枯れ続ける庭の木を前に困り果てていた住民たちは、インターネット上で情報を求め始め、ローンサイトに出会いました。商品名をグーグルしただけで、サイトを見つけたのです。

1週間もしないうちに、アメリカ全土で何百万の人たちが行動を始めました。科学者、研究者、フロントラインという大手テレビ局の記者たち、除草剤の消費者である犠牲者たちが、みな一緒になって行動し始めたのです。結果、デュポンは訴えられ、10億ドルもの賠償金の支払いを命じられたのです。除草剤の開発者は解雇され、会社の経営にも深刻な損失が出ました。一方、最初は誰も存在すら知らなかったコンポスト協会は、この事件を機に、多くの人に知られるようになりました。

さて、この例から何がわかるでしょうか。私が学生だった頃「主流メディアなしでは問題は永遠に伝えられない」と教えられましたが、その理論はもはや通用しないことがわかると思います。

次の図にいく前にお詫びがあります。いまから見せるスライドは非常に複雑で、理解するのはかなり難しいです。システムダイナミクスというもので、ひとつの事象がある事象を産み、それがまたさらに事象を産み出すような因果関係を現しています(次頁の図参照)。この図で、先ほどのローンサイトのような小さなウェブサイトが、巨大な会社を崩壊させるに至るほどの大きな力を持っているのだということをお見せしたいのです。その力とは、どこから来るのでしょうか。

この一番上にあるのが会社です。その左下にあるのが、従業員など会社の直接的な影響を受ける人たちです。その下が、彼らが利用するメディアです。このメディアによって社会が影響を受けます。それによって最終的に政府や大きな組織が影響を受けることになります。その政府から今度はメディアにニュースが行きます。ニュー

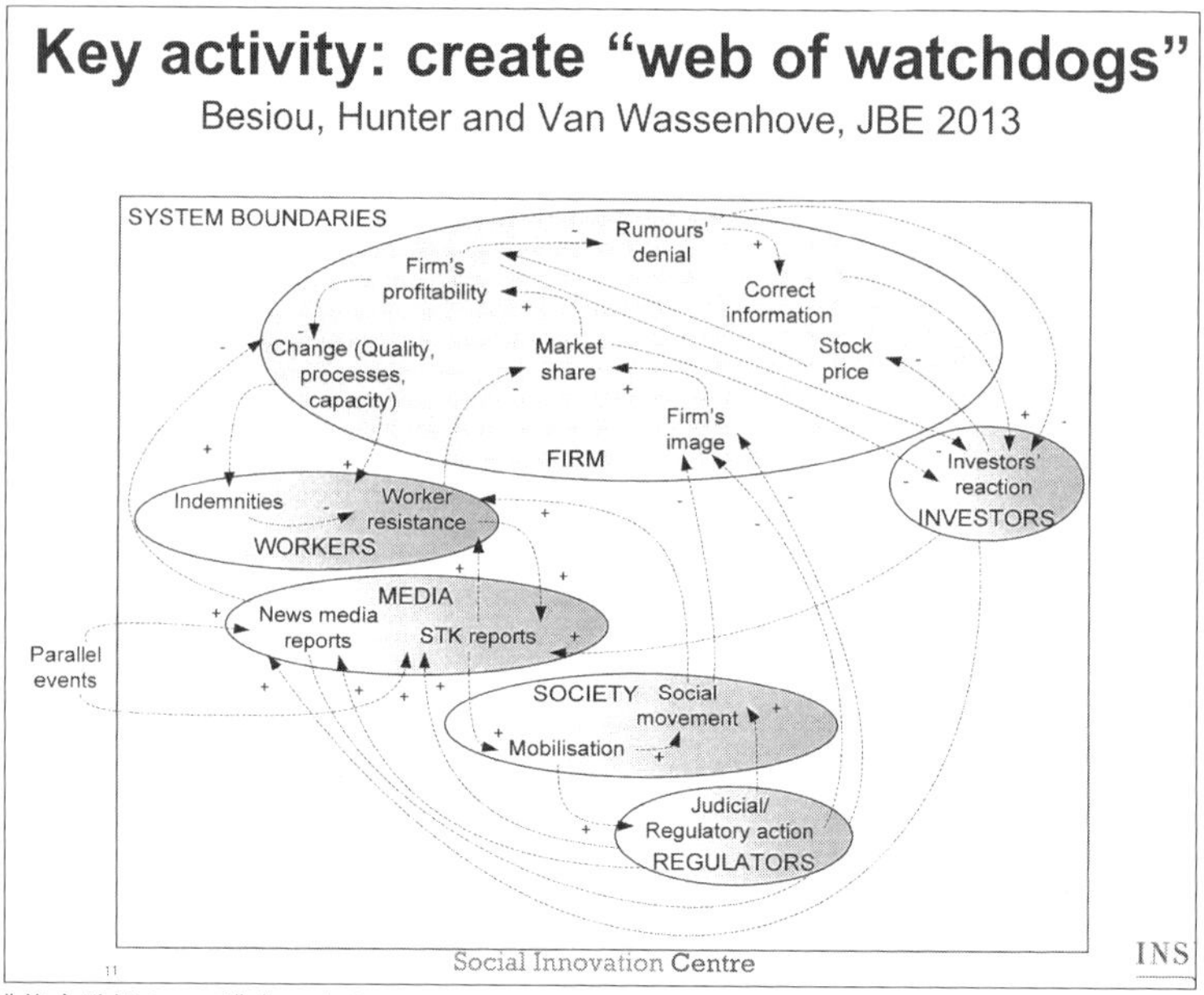

"権力監視ウェブ"をつくる

スは、その会社の投資家にも行きます。もしもそのニュースが投資家にとって気に入らないものであれば、会社への投資がストップします。投資家からの資金が絶たれた会社は何をするか、何か行動を起こさなければなりません。そして会社が動くことによって、大きな社会全体が動き出すことになる。

このシステムを、私はWEB《ウェブ》 OF《オブ》 WATCHDOGS《ウォッチドッグズ》と呼んでです。ウォッチドッグというのは、権力を監視する者たちのことです。権力監視ウェブ（網）という意味です。この図は、3つの異なる国の、3つの異なる企業の、3つの異なるケースを元に私が制作したものです。

では、SDMをビジネスモデルとしてどのように運営すればいいのでしょうか。

SDMは、ニュースという名の商品を売っているわけではありません。3つのサービスを提供しているといえます。

第1のサービスは、「特定のコミュニティを守る」

ということです。よって、提供する情報とは、コミュニティの中にいる人々が必要としているものでなければなりません。問題に対して企業や政府などと闘う必要が生じた際、それらの情報が人々の武器となり、力となるからです。その武器を手に、より多くの人たちが闘いに加わることもできます。

2番目のサービスは「特定の地域や人々の暮らしをより良いものにする」ということです。財政的な豊かさはもちろんですが、力を与えることもそうです。

そして最終的に彼らが「勝利をおさめる」こと、これが3番目のサービスです。なぜ勝ち負けの話をするかというと、人々が暮らす社会というのは単なるビジネスマーケットではなく、むしろ戦場だからです。誰が勝つか、誰が負けるか、という戦いの中に生きているといえます。

さて、いまから三つのモデルを紹介します（次頁図参照）。

左上に示したのは、新しいメディアの中でも私が特に好きなものです。ハイカントリーニュースというサイトで、主な利用者は、自然豊かなアメリカ西部のライフスタイルを好む人たちです。彼らは環境に関する調査も行なっています。メンバーは30人しかいないのですが、アメリカ西部の中でもっとも力のある調査報道メディアとして成長しました。彼らの活動を資金の50％は寄付金から成り立っていて、残りは広告収入からきています。約30年前に始まったこのメディアは、特に主要メディアの危機が訪れて以降、急成長を続けています。もうひとつ、この中央にあるパタゴニアは、ハイキングや、アウトドアの洋服や靴を作っているメーカーです。みなさんも知っているかもしれませんが、パタゴニアは、ニュースも発信しており、ドキュメンタリー制作者などに対して、資金援助もしています。全て、環境を守るという目的のためです。

つまりこのパタゴニアが売っているのは、「環境を守る」というひとつの価値なんですね。それを消費者と一

カスタマー・ソリューション＝アイデンティティ

緒に共有するということです。この発想はあらゆるテーマに代替可能です。たとえば環境ではなく、私の趣味であるエレキギターにもできる。「みんなで演奏して世界中をうるさくする」という共通のバリューを持つことだって出来ますよ（笑）。

パタゴニアが示しているのは、ジャーナリズムの世界において利益を目的とした私企業が大きな役割を果たすことができるということです。彼らが発信しているのは、ゴシップではなく、本当のジャーナリズムです。

最後に図の一番下にある、ＸＩＮＧ《エクシング》を紹介します。アメリカのウェブサイトでLinkedIn《リンクトイン》という、就職活動や人材探しなどビジネスマン向けのＳＮＳがあるのをご存知でしょうか。これはそのドイツ版だと思ってください。

フェイスブックはいまや誰もが利用するウェブサイトで、名前も周知されるようになりましたが、エクシングがニュース組織としても存在していることは、あまり知られていないようです。どんな人たちを対象としているかというと、研究者や知識人などのプロフェッショナルと呼ばれる人々です。彼らが重要性が高いと考えるニュースや自身が執筆した記事をシェアして情報交換ができ、互いのキャリアアップや共通して取り組む問題の解決を目指します。

この三つのウェブサイトに共通しているのは何でしょうか。それは、彼らが特定のコミュニティに対して外部から働きかけているのではなく、コミュニティの中にいるということです。つまり、その問題の当事者として関わっているということです。

この事実を前に、私は非常に残念な気持ちにもなります。主流メディアにとって、以前これは当たり前のことだったからです。記者は現場に足を運んで、コミュニティに深く入り込んで取材をしていました。だからといって当時のメディアが理想的だったというわけではなく、もちろん様々な問題を抱えていたことは事実ですが、少なくとも、メディアがコミュニティの中に入り込むことで、住民が直面している問題は何か、求めているのは何かを即時に、深く、視聴者や読者に伝えることが出来ていました。

みなさん、「フェイクニュース」いう言葉を最近よくお聞きになると思います。フェイクニュースはとても大きな問題です。力のある政府などが、嘘の情報を世界中にばらまいているという状態です。

フェイクニュースは情報の受け取り手であるユーザーたちに致命的な影響を与えます。私がいままで説明してきた新しいメディアの役割とは、ユーザーが問題を克服し、打ち勝つよう支援することであり、ユーザーが戦いに負けるということは彼らが生きていく上で不可欠なもの、たとえば住宅や自然環境といった大切なものを失うということを意味しています。生命や権利に関わる大変な問題なのです。

フェイクニュースは水で作られた道具のようなものです。それでは大きな岩は絶対に動かせない。フェイクニュースは、社会をより良くし、物事を改善するという目的の戦いの中にいる人たちの力を削いでしまいます。人々が必要とするのは、戦いに勝利するための武器、つまり事実に基づいた情報です。

一例をあげます。

私が調査報道を始めた当時、ある多国籍企業に対して行われたボイコットを取材しました。当初、会社の経営陣には強力な味方がいました。金融アナリストや銀行マンです。従業員や消費者と敵対する立場をとっていた彼らですが、経営側の虚偽が発覚するやいなや、彼らは身を引きました。なぜだと思いますか？　理由はシンプルです。虚偽は会社の信頼失墜を招く、つまり会社側につくことで自分たちが不利益を被り、経済的に不利な立場に置かれると判断したからです。彼らが従業員たちの声に耳を傾け、支持するようになったのは、ボイコットを支持したからではなく、金に関心があったからです。

この事例からわかるのは、「自分の利益を守る」ということに人は最大の関心を持つということです。これはメディアにも置き換えられます。人々の関心や支持を集めるのは、「人々の利益を守る」メディアです。

この考えに基づいてジャーナリストが仕事をする場合、3つの重要な問いと向き合わなければなりません。①ユーザーをどうやって守るのか。②どうしたらコミュニティを「プロモート」できるのか。③コミュニティが問題を克服するために、私は何ができるのか。

2番目の問いで「プロモート」という言葉を使いました。日本語では、「成長を促進させる」という意味ですが、それは目先の物事を解決し、人々をハッピーな気持ちにさせるということではありません。彼らの利益を守り、促進させ、生活を根本的に改善するということです。そのコミュニティのユーザーが豊かにならなければ、メディアやジャーナリストも豊かにはなれません。

では、新しいメディアはどのように財源を確保したら良いのでしょうか（左図参照）。

SDMには主に三つの財源があります。まず「コミュニティ」です。そのコミュニティにとって重要で有益な情報、しかも他者からは手に入らない情報を提供するメディアに彼らはお金を払うでしょう。

次に「広告主」です。彼らの関心は、コミュニティにはどんな人たちがいるのか、どんな関心を持っているのか、何を求めているのかを知ることです。ですからコミュニティに深く入り込んだメディアに投資をするでしょう。

最後に「企業」です。その企業と共通した関心を持っているグループとつながるためです。

この三つの例を最もよく現しているのは、ポリティカルドットコムというサイトです。

このサイトは、ワシントンDCにベースを置いていて、特定のコミュニティに対するニュースを発信しています。ユーザーは政治家など、政治行政に関わる人たちです。

ワシントンには政治家、国会職員、ロビイストがたくさんいます。そしてポリティカルドットコムの中でいえば、この図の2番目の広告主というのが誰にあたるかというと、ユーザーが利用しているホテルやレストラン、シンクタンクなどです。このサイトを最も支持している人たちは、ロビイストです。どの政治家に会って訴えればいいのか、一目瞭然だからです。

このようなものは東京にありますか？ ないのなら、私はここでそのビジネスを始めたいと思います（笑）。

しかしまじめな話、ビジネスチャンスは山ほどあるのです。ここ数年、私はモンゴルのメディアと仕事をする機会が増えました。モンゴルは、特に教育という面において日本と大きく違います。モンゴルの教育制度というのは、未発達ではありますが、一方で竹のように急成長をみせています。モンゴルでは、教育現場の現状を伝えるメディアは一切存在しません。保護者も生徒たちも、真実を伝えるメディアを欲しているにもかかわらず、未だに存在しないのです。ここでも人々が求めているのはコミュニティに密着し、社会問題を共に解決してくれるメディアです。新しいメディアのニーズがあるということです。

私はこれまで出会った調査報道ジャーナリストたちには必ず「3つの資産を持て」と伝えてきました。それは何か。

Who pays for SDM?

The community
To support the mission
To access VAI

Advertisers
To access the community

Firms
To access their stakeholders

SDMに資金を提供してくれるのは誰か？

一つ目の資産、それは「特定のオーディエンス」です。オーディエンスの確保が重要です。大きな影響を与えるためには、より広い、不特定多数のコミュニティの人たちに伝えるのではなく、ある特定のコミュニティの中の人たちにターゲットを絞る必要があります。実際に、アメリカに「プロパブリカ」という新しいメディアがありますが、彼らも、教育者や軍関係者など特定のグループに焦点を絞って情報を発信しているのです。

二つ目の資産とは「ネットワーク」です。何か仕事をするときには、拠点となるオフィスや、交通手段が必要ですよね。他者とのネットワークをつくっていかねばなりません。

最後が「データ」です。実はジャーナリストというのは、取材のために膨大なデータを入手すると同時に、大量のデータを捨てています。入手した情報を全て保管することはできないからですが、それは見つけた金貨をゴミ箱に捨てているのと同じことです。しかしデータこそ、利益を生み出すのです。私の著書『Story-Based Inquiry』でもデータの重要性について書いています。

ＯＣＣＲＰ（組織的犯罪汚職報道プロジェクト＝Organized Crime and Corruption Reporting Project）は、世界的に有名な調査報道組織ですが、これは犯罪や汚職に関する調査報道を行うメディアで、彼らは膨大なデータを保有しています。また、国際サッカー連盟（ＦＩＦＡ）の汚職を報道したアンドリュー・ジェニングスというジャーナリストがいます。見た目は非常に穏やかな明るい男性ですが、権力をもつ人たちにとっては悪魔のような存在です。

アンドリューは30年前からスポーツ業界の汚職を調べ続けていました。彼が私を含めて他のジャーナリストと違うのは、取材で集めたデータを捨てずに大事に保管し、調べ続けたことです。その結果、ＦＩＦＡの腐敗を暴く調査報道に繋がりました。データというのは組織レベルでも記者という個人レベルでも、大きな財産になるのです。

次に進みます。

それでは、どんなやり方で収益を得ればよいのでしょうか。この図の左手に見えるのは、ニュースメディアなのですが、どんな会社に投資をしたら良いのかを教えてくれるサイトです（上図参照）。主なユーザーは、企業の社会的責任投資を担当する投資家です。

まず彼らがやったことは、複数の投資家をよせ集めてひとつのコミュニティを作ったのです。それぞれの会社の中では非常に孤独な存在だった投資家たちに、このサイトは上司との交渉をうまく進める方法や情報を共有する場を提供したのです。投資家がCSR（企業の社会的責任）活動を通じて、より良い社会を作る手助けをしたということです。

コネクションを資金に代える

DEVEX《デヴェックス》は、海外開発の会社です。日本が発展途上国に投資をしているのと同じように、このサイトも海外投資を助けるメディアです。このサイトを利用している人たちは、どの国に投資をしたら良いのか情報交換しているのです。開発途上国を助けるという同じ目的で集まった人たちです。そして彼らは新聞社と一緒に仕事も出来ている。

図の下、EAST《イースト》 AFLICAN《アフリカン》とは、ケニアの大きな新聞社です。ケニアの全国紙が立ち上げた新聞で、当初はごく普通の地域新聞でした。しかし実際に新聞を購読していたのは、地域の人たちよりも、東アフリカで仕事をするビジネスマンたちでした。地域の現状をリアルタイムで伝える新聞は他になかったため、東アフリカにとって最も有力なビジネス紙になりました。

さて、いまからお伝えするのは、よりリスクが少なくコストも安くできる、ウォッチドッグ、つまり権力を監視できるメディアの可能性についてです。

まずはパートナーシップを作る、協定をつくることです。そうすることによって、ライバル関係ではなくて、仲間としてやっていくのです。例をあげれば、いま早稲田大学ジャーナリズム研究所が早稲田大学の中にあるのと似ています。早稲田大学の中にオフィスを置き、パートナー関係にあるけれども、それぞれ独立している。協定関係にあるということですね。

ニュースもデータベースも、資金が必要ですが、パートナーがいればコスト削減ができる。大学のビジネススクールはパートナーシップを結んでいますよね。メディアでも同様のことができるはずです。情報や資源の共有だって可能でしょう。また、最近のウェブサイトの中にはデザイン会社と協定関係を結んでいるところもあります。よりモダンで優れたウェブにすることができるからです。資源を自分たちで全て賄うという時代はすでに終わろうとしています。あまりにもコストがかかりすぎます。組織同士が協定関係を結び、ネットワークを築きながら発展する時代になったのです。

ではどのような人たちが新しいメディアと一緒に働くことができるのか（左図参照）。

一番上の、左手のほうにあるのは、まずフリーランサー、つまりインディペンデントのジャーナリストです。二番目はリサーチャー、研究者たちです。ＮＧＯのような団体には、知識豊かなリサーチャーがたくさんいます。かつては大学を出た研究者たちは研究所に就職するのが当たり前でしたが、今では、グリーンピースのようなＮ

あなたもSDMで仕事ができる

GOでも働いています。彼らと協力することで仕事を分担できます。

最後に、自分でメディアを立ち上げてはどうかということを提案します。特定のコミュニティを見つけて、どんなニュースを作るのかを決めて、ウェブサイトメディアを立ち上げることも全部自分でできるのです。ジャーナリズム大学院はいろんなところにありますが、私が提案したいのは、学生が自分で新しいメディアを発信するという修論プロジェクトをやれば面白いと思います。そういう仕事があれば、私はぜひやりたいです。

さて、次頁の図は、インターネット上で誰でも見られる図です。いまの国際ビジネスの場での基本ツールです。

なぜこの図を見せているかというと、私たちジャーナリストが新しいプロジェクトを立ち上げる時、まず先に、どんなテーマやストーリーを書こうか考えますよね。そのための資金をどう捻出するかは、ずっと後の話でしょう。しかし、この図のビジネスモデルに当てはめた場合、考えるべきは次のことです。

①「価値」＝人々の生活をどうやってより良くしたらよいか。
②「主要な資源」＝単なるお金ではなく、人材や才能を含めた資源は何か。それを保有しているか、あるいはどこで手に入るのか。
③「主な活動」＝データ収集、ストーリーの組み立てなど具体的にどんな活動をするのか。
④「パートナー」＝誰がわたしたちの考えに協調し、協定を結んでくれるか。

⑤「カスタマー」＝私たちのニュースを必要としているのは誰か、私たちが伝える問題の当事者は誰か、どうしたら私達を支持してくれるのか。

⑥「チャンネル」＝彼らにどのようにアプローチするのか。既存のメディアを使うのか、自分たちで発信するのか。

⑦「カスタマー・リレーション」＝コミュニティの人たちとのつながりをどのように持ち続けるのか。どうやって彼らの期待に応え、彼らの声に耳を傾けるのか。一時的なつながりではなく、長期的な信頼関係を結ぶために何をすべきか。

私たちがいるジャーナリズムのビジネスの場合、多くは、最初の「価値」をどうするかというところで止まってしまいがちです。

そして多くのジャーナリストは、視聴者や読者に対して「情報をあげますから、あとは自分で考えてください」という姿勢になりがちです。しかし私たちはさらに上を目指せると信じています。

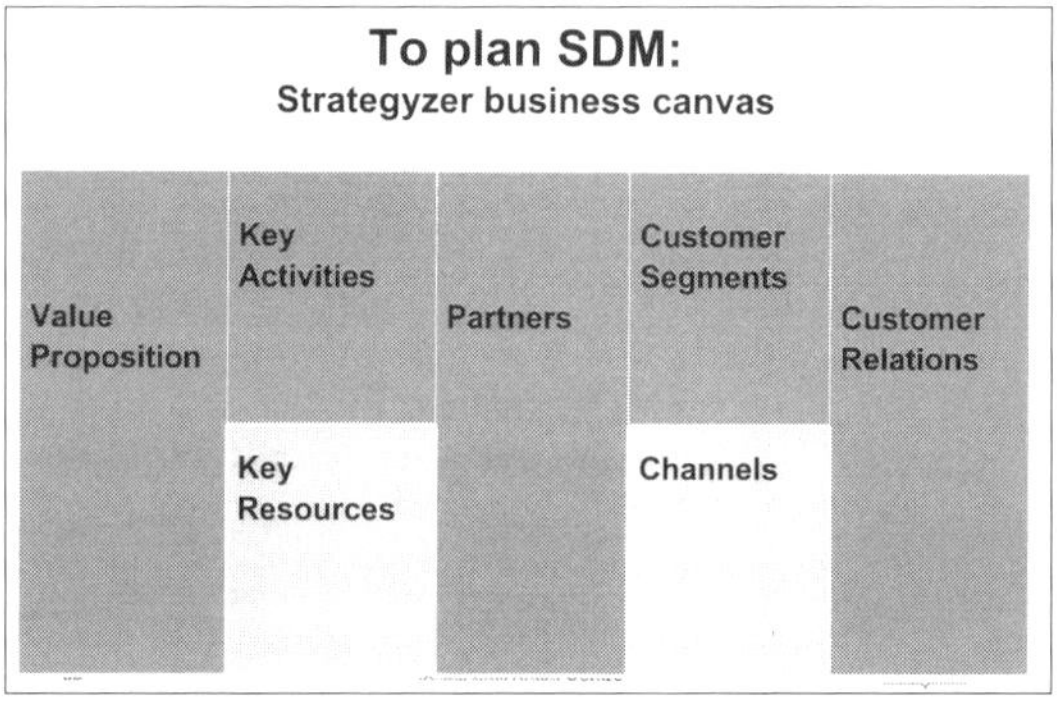

SDMを設立するために考えるべきこと

左の図は、私が思い描いている将来像です。

すべてのジャーナリズム大学院は調査報道ジャーナリストの育成と同時に、起業家精神（アントレプレナーシップ）の教育をすべきです。ジャーナリストはもっとビジネスに関心をもち、メディア運営にまで関わっていかなければなりません。

たとえばオランダにはディ・コレスポンデントというウェブニュースメディアがあります。所属するジャーナ

To build more and better SDM:
J-schools: IJ + entrepreneurship
Journalists: Skin in the game
VCs: SDM create value
Tech community: Tools are needed
より多くの良質なSDM設立を目指してやるべきこと

リストたちの名刺の裏には、「試供品プレゼント」や「3ヶ月間無料トライアル」といった特典が印刷されています。これはとても小さなことのようですが、象徴的な事例です。ジャーナリストは、取材活動はもちろんのこと、ビジネスという面でも、自分の仕事に誇りを持つことができるからです。

しかしそこには、戦略的な問題があります。私たちが住んでいる世界は全てデジタル化されています。巨大企業のエンジニアたちと競争しなければいけない状況にあります。しかし自分たちが敵だと思っている人たちを、こちらの仲間に引き入れることだってできるはずです。それをやらなくちゃいけない。私たちが求めているのは、最も優秀な人たちをジャーナリズムの世界に仲間として引き入れるということなんです。優れた人材を味方につけることで、私たちはこの闘いを勝利できるのです。

私たちは、以前は勝っていましたけれども、最近はずっと負け続けている。けれどもそれを取り戻すことができるはずだと私は信じているのです。私の講演は以上で終わりです。今後もこのご縁を大事にして、協力していきましょう。

❖第2部 ◉パネルディスカッション――調査報道の何を誰がどのように支えるのか

パネリスト……マーク・リー・ハンター、佐藤 直子、渡辺 周
司会…花田 達朗／通訳…大矢英代

花田 後半に入ります。ワセダクロニクルは、早稲田大学ジャーナリズム研究所が立ち上げたプロジェクトです。このプロジェクトを立ち上げようと取りかかった1年半前、同じようなやり方をしているところが他にあるだろうかと調べたところ、アメリカに先行事例があることがわかりました。我々よりも早く、大学を拠点にした調査報道メディアがあったのです。それがカリフォルニア大学バークレー校と、ワシントンDCのアメリカン大学のプロジェクトです。アメリカン大学のプロジェクトでは、学生も一緒に仕事をしています。メインストリームメディア、たとえば、ワシントンポストやPBSのフロントラインなど、既存のメディアである新聞やテレビと提携関係を組んで活動しているのです。カリフォルニア大学バークレー校も同じような活動をしています。

われわれのワセダクロニクルも、国内の既存メディア、テレビや民放、NHKなどと、できれば協力関係、提携関係を組んでいきたいと考えて、準備をしてスタートしてきました。

我々はまだ非常に小さい存在で、どれだけメディア側に認知されているのかといえば、まだまだだと思いますが、今後、日本の国内メディアとも連携していきたいと思っています。

そして、もしもそれがかなわなくても、あるいはそれがかなっても、ワセダクロニクルは国際的展開をしていくつもりです。既にその準備を始めています。海外の調査報道メディアと共同取材をしたり、コンテンツを交換したりなど、様々なやり方で海外に向けて展開していく準備を始めています。ゆくゆくは英語版も発信する予定です。

前半のハンターさんの講演にもあったように、我々がこのような新しい試みで打って出ることで、日本の中にどういう共鳴板があるのか、どのように日本の市民社会の人々が、あるいはステークホルダーが我々に共鳴、共振してくれるのかを知りたい。調査報道ジャーナリズムを支援し、あるいは協力して作り上げて、この社会をより良くしてい

く方向で、お互いに貢献していければと考えています。続いて、パネルディスカッションに入ります。

最初にパネリストをご紹介します。先ほど登壇していただきましたハンターさん。その隣は、ワセダクロニクル編集長の渡辺周さんです。彼は昨年3月に朝日新聞社を退社し、ワセダクロニクルの編集長になりました。朝日新聞記者時代には、「プロメテウスの罠」を手がけた特別報道部に所属し、さまざまな調査報道をやってきたジャーナリストです。それから、東京新聞の佐藤直子さんです。社会特報部記者を経て、現在論説委員兼編集委員をされています。これまでも商工ローン問題、貧困格差の問題など様々なテーマを、記者として取材されてきました。論説委員としては、人権差別問題、福祉問題、福島原発事故、沖縄基地問題、女性や子ども労働問題などで、社説などを執筆されています。「あの戦争を伝えたい」という連載記事で、平和・協同ジャーナリスト基金賞を受賞されています。

まず最初に、パネリストおふたりから、今回のハンターさんの講演についてご感想をいただきつつ、ご自身の調査報道のイメージについて、もしくはこのような調査報道をしてきたというイメージを話していただければと思います。

❖既存メディアはどうすればいいか

佐藤　ハンターさんのお話を伺って、ジャーナリストとしての仕事が世界を豊かにしないものだったら意味がない、世界を豊かにするのがジャーナリストの仕事だとおっしゃっていたことが強く胸に迫ってきました。そして、新しいメディアである、ステークホルダー・ドリブン・メディア（SDM）の手法や考え方を、メインストリームメディア（MSM）、いわゆる既存メディアで働く者がどう自分の仕事に生かせるのかということを考えさせられました。

いくつかのヒントがありました。新しいメディアには、たとえば環境NGOのグリーンピースなら、環境保護という特定のジャンルやテーマで専門性ある記事を発信していく。ターゲットは環境問題に関心を持つコミュニティーであり、既存メディアの中にも問題に気づく者が出てくる。そして自らの読者に向かって発信するのです。ハンターさんが示されたこうした関係図をみると、既存メディアにもできることがあるのだという思いを強くします。

でも、これでは既存メディアの動きが遅いというようにも見えます。もっと早い段階から問題に関与して発信できないものでしょうか。これまでも記者一人ひとりは

努力していることだと思うんです。ある新聞社の記者がある問題について強い関心を持っていて取材していると、当事者のコミュニティがその記者に働きかけてきて、記者と当事者が協働するような形で問題を告発していくスタイルです。けれど今は、当事者コミュニティが自らがメディアを持つようになってきたということなんですね。

既存メディアがいま、一般人からどうみられているのか。ハンターさんは44%の人が既存メディアのニュースを信じていないというデータを示されました。厳しいですね。日本でも具体的な数字はわかりませんが、「メディア不信」が言われてきた中では同じような状況なんでしょうか。既存メディアに対する信頼というものを考えるとき、フェイスブックやツイッターなどＳＮＳ（ソーシャル・ネットワーキング・サービス）の影響は外せないと思うんです。

それらのコミュニティでは既存メディアが発信する記事やニュースについてのコメントがあふれています。記事がよくても悪くても拡散され、記者の側も自分の書いた記事がコミュニティからどんな反応や評価があるのか、気にする傾向が強まっているように思います。ある事実をめぐって、記者という職業人が書いた記事よりも、市民の投稿記事のほうが信頼を集めているという例もあります。既存メディアは今後どうしたら信頼されるメディアとして存在していけるのかと、考えないではいられません。

私の本格的な沖縄取材は２００３年から始まりました。第二次大戦末期に本土防衛の捨て石にされた沖縄戦の体験者にインタビューをしたり、戦後から続く米軍基地がもたらす被害を知るために、１９９０年代後半に新基地建設が計画された名護市辺野古などに通ったりしてきました。

新基地建設に反対する市民の抗議行動は、当時はまだ、今のように米軍キャンプシュワブのゲート前で連日座り込んだり資材搬入を阻止するといった活動ではなく、海辺に近い場所に市民が集まって、海上でボーリング工事などが始まらないかどうか監視するもので、参加する人もそれほど多くはありませんでした。

沖縄県民にとっても沖縄本島北部の町で起きている問題がどのようなものか、わからない人は多かったのです。それが今日のように県民全体の問題として共有されるようになったのは、琉球新報や沖縄タイムスなど地元紙が、膨大な時間と膨大な紙面を費やして伝え続けていったことが大きいと思います。二紙の基地問題を扱った記事は質量ともに突出しています。

もう一つ重要だと思うのは、沖縄のメディアが米軍基地に苦しんでいる沖縄県民の側に立つ、沖縄という地域コミュニティの側に立つと、その取材姿勢が鮮明だったことだと思います。その姿勢があるからこそ、読者である県民も地元紙に対して信頼を寄せているのですね。

では、東京を足場にしている新聞記者は沖縄で起きている問題をどう伝えるのか、日米安保の下で在日米軍施設の7割を押しつけられている沖縄の人びとの問題意識が、どうしたら東京の人びとと共有できるのか。そのことをいつも考えます。

実は、沖縄の基地問題と少し違いますが、原発や秘密保護法、共謀罪、憲法などの問題も本来は特定のコミュニティの問題ではないはずなのに、人びとの関心は分断されています。国会前などではデモが続けられていて、記者としてはデモを報道すべきか考えるわけなんですが、デモ参加者の声を伝えることが市民社会のためになるという意識がないと、やはり伝えきれないなあと思うんですね。

市民の側に立つということでいえば、右派的な人びとの声を代弁する「チャンネル桜」というネットメディアもあります。沖縄の基地反対運動に敵対して、反対運動に参加する人たちの像をゆがめるような情報を流している。

今年一月には地上波の東京MXテレビが「ニュース女子」という番組で、「基地反対運動に参加している人々は日当をもらっている」とか、「テロリスト」だとか、デマの情報を流しました。人権問題に取り組む「のりこえねっと」の共同代表で、在日三世の辛淑玉さんは名指しで誹謗中傷を受けた。このような嘘に満ちた番組でさえも、ハンターさん風に言えば、日本社会や沖縄のあり方について一つの価値を売っている、ということになるのでしょうか。

民族差別的なヘイトスピーチや原発被災、貧困問題などでも、マイノリティーや弱者を叩く風潮が強まっています。辛さんはこうした動きに対抗して反レイシズムを訴える番組を放送しています。市民運動の中からは当事者のコミュニティに寄り添い、自らが求める価値を訴えていくような新しいメディアが生まれている。

❖凡庸なる悪をストーリーで見せる

渡辺　ハンターさんの講演で一番共感したのは、「POWER IS EVERYWHERE」というタイトルです。このことをどうとらえるか。「悪いヤツ」があちこちにいるとか、そういう意味ではないですね。たとえば、今回ワセダクロニクルでは、創刊号の特集として「買われた記事」を連載していますが、登場する人たちがとにかくよくしゃべる、ということに驚いた方も多いかと思います。取材するこちらがハラハラするくらいよくしゃべる。彼らそれぞれが、非常に罪の意識が低く、あまり悪いことをしているという感覚がないということが大きい。製薬会社がいて、電通がいて、共同通信がいて、その配信した記事を受ける地方紙があって……というような一連のシステムの中で、それぞれの人に小さな役割がある。しかしそれぞれが自分の心理的なハードルをちょっとずつ超えてしまうことが、集積されて、全体としてはとんでもないことが起きてしまうのです。ハンナ・アーレント的に言う「凡庸なる悪」というものですね。「POWER IS EVERYWHERE」とはそういうことなのです。

調査報道をやっていく中で、わかりやすい悪い人が見つかって、それを叩いて問題が終わるのであれば、それは非常に簡単なことです。これまでの取材経験の中でも、前回のシンポでお話したような、高野山真言宗の「ニセ僧侶」の問題に関する取材などは、まだ分かりやすい悪役としての住職がいて、それを排除すれば、あとはなんとかなる、というようなところがあった。しかし、大抵のパターンは、前述したような「凡庸なる悪」の積み重ねです。それを調査報道としてどう捉えたらいいのか、ということです。常にターゲットを決めて、そいつを叩く、ということではなくて、ちゃんとシステム、構造として見せなければいけない。そこで大事なのが、ハンターさんが常におっしゃっている、「ストーリーで見せる」ということです。

今回記事に登場した、日本医学会会長は、最初の取材のときには、非常に雄弁に語っていました。こちらも取材意図を隠したわけではなく、ちゃんと問題点も指摘しつつ質問しているのですが、それでもたくさんしゃべる。ところが、報道が始まって「買われた記事」の話がアップされた後に再度、医学会長に話を聞く必要があり、取材をしようとしたところ、もう彼は一切しゃべりません。ずっと日本医学会の前で待ち受けて「先生！ 先生！ 話を聞かせてください」と頼んでも、もう一切無視です。それはなぜなのか。もちろん記事の反響もあったとは思いますが、つまり、彼は、自分がやっていることを、調査報道のひとつのストーリーとして見せられるまで、それがどういうことなのかという認識ができていなかったということです。

それは読者にとっても同じことで、ひとつひとつのファクトが、どういう意味づけを持つのか。どういうシステムを構築しているのかというのは、ストーリーで伝えないと、伝わらないのです。

よく「反権力」とか「権力監視」とか言うけれども、ではその権力の実態は一体何なのかということは、実際に取材しだすと非常に複雑です。それこそ「POWER IS EVERYWHERE」で、何とか局長とか何とか部長だけが悪いのではなくて、いろんな人たちがちょっとした心理的ハードルを超えて悪いことをしたことの集積が権力を形づくっているのです。そこを調査報道のストーリーでどう伝えていくかということです。

もうひとつ「ステークホルダーとは誰か」というテーマに関しては、僕はハンターさんと意見が違います。ハンターさんは特定の関係者というコミュニティに向けて報道するのだとおっしゃっていました。しかし僕は特定の人たちだけではダメだと思うのです。それだけでは何も変わらないと思っている。たとえば何か市民運動をしている人たち、NPOなどをやっている人たち、その問題に小規模に取り組んでいるような人たちに対して何かを書いても、現状はかわらない。特定の人たちを超えたところから共感をどう集めていくか、ということが大事なのであって、そういうストーリー、調査報道を提供できるかというのが、一番大事だと思うのです。

これまで、私たちのことをいくつかのメディアが紹介してくれましたが、ワセダクロニクルの場合、環境に特化してやるとか、医療に特化してやるとか、特定のジャンルに特化することはしません。実際並行して走り出しているさまざまな取材テーマも、本当に多岐にわたっている。医療だけではなく、そんなこともやるの？ というような広い分野をカバーしている。そういう意味では、我々は特定の人に向けて書くわけではない、ということです。

ひとつ最近嬉しいニュースがありました。高校生のゼミが、ワセダクロニクルの話を聞きたいといってアクセスしてきたのです。これはとても嬉しいことです。我々は特定の世代に対して書いているわけではないし、調査報道に興味があると、高校生がアクセスしてくるような幅の広さこそが強みだと思う。だからこそビジネスモデルも寄付という形を取っているのです。

花田　ハンターさんにコメントバックして頂きたいと思います。二人が話されたことについてコメントしたいと思うことはありますか?

ハンター　おふたりとも共通した点について意見をもたれています。それは調査報道を考えるにあたって、とても重要な点です。佐藤さんは、沖縄のコミュニティの人が理解していることを、東京というコミュニティの人は理解していないということを指摘され、渡辺さんも、ひとつの地域やコミュニティだけに特化していると問題は解決しないのではないかという点を指摘されましたね。

花田　確かに私もそこの二つがポイントだと思います。沖縄という地域コミュニティに、ジャーナリズムがどう寄り添うかということはとても重要な問題です。また、渡辺さんは、ハンターさんとは少し違う考えであると話されました。渡辺さんは、コミュニティのステークホルダーに向けてではなくて、コミュニティのステークホルダーを含んだ向こう側の、ジェネラルも含めた人々もターゲットにしないと、社会を変えていくことはできないというお考えです。

ハンター　ひとつの地域、コミュニティに特化して伝えるということと、それ以外のところに伝えるということは、全く違うようで共通していることです。

まず、ひとつとても重要なこととして挙げたいのは、ひとつの問題をただ伝えるだけではダメで、その問題を伝え続けるということが大事なのだということです。さらに重要なのは、現場に足を運んで、何が起きているのかということを現場で感じて、記者がそれを体験するということです。

また、渡辺さんが指摘された、一定のコミュニティにいる人以外の人たちにどう伝えていくのが良いかというお話については、渡辺さんをがっかりさせる答えかもしれないが、やはり私は、あるコミュニティの人たちに直接問題を伝えて、その人たちにターゲットを絞ることが大事だと考えます。彼らを通じて、コミュニティの外の世界に広がっていくということが一番効果的であると考えているからです。

関連するコミュニティ以外の人たちに伝えるのは、非常に時間がかかります。

コミュニティ外にいる人たちの関心は、たとえばゴシップだったり、他のテーマであったりして、そこにジャーナリズム精神がある記事を読みたいという人が必ずしもいるわけではないからです。

そのような人たちに物事を伝える時間やお金や体力があるのであれば、私は、その問題をまず関心がある人たちに届けて、彼らを中心にして拡散していくことが、問題の解決に結びつくと考えています。

❖ずっと取材し書き続ける

花田　渡辺さんに伺います。ハンターさんはメインストリームメディア（ＭＳＭ）とステークホルダー・ドリブン・メディア（ＳＤＭ）を対比して今日は説明されましたね。渡辺さんは、ワセダクロニクルとメインストリームメディアを対比して考えた場合、ワセダクロニクルは何をやるべきか、メインストリームメディアとの違いなどについてお聞きしたい。

渡辺　メインストリームメディアとの一番大きな違いは、既存メディアは非常に規模が大きくて、現在、社会で起こっていることの全てをフォローしているということですね。そしてその中で一番重要なニュースは何かと価値づけして、これが一面のトップだ、というような形で報道する。そのようなシステムにおいては、自然と、それぞれの取材をする記者たちが、各担当割りにされ、完全な縦割りになってしまうということです。財務省の担当だったら財務省のことしかやらない、警察の担当だったら警察のことしかやらないということになってしまう。各テーマをフォローしていると、いつのまにかたこつぼのグループみたいなものがいっぱい集まってしまうような状況になる。そのたこつぼに担当を貼り付けていくだけで２０００人の記者が必要になってしまうということです。

一方、ワセダクロニクルは人数は非常に少ないのですが、テーマは自由に設定できます。この、テーマ設定がすごく大事なのです。一度やると決定したら、そこに集中して取材します。何か事態を変えることができるまで、とことんしつこくやっていく自由があります。ところが大手メディアは、自分の担当している分野で起きたことを、毎日毎日フォローしていかなくてはいけない。そして1ヶ月前に書いたことなど忘れてしまうという状況なのです。

たとえば警察の担当になったとして、ある事件が起きたとする。ある犯人のことをずっと書き続ける。彼がどういう育ち方をして、どんなことをしてきたか。逮捕されて判決するまでは一生懸命書く。しかしその犯人が、刑務所に入って更正をして、最後出てくるところまでフォローしている記者がどれくらいいるかということです。

つまり、ワセダクロニクルと大手メディアの違いは「フォロー」ではなく、私たちがテーマを選んで、受け身ではなく、こちらからしかけていくということでしょう。これが一番の違いですね。

花田　佐藤さんは、ここで言うところのメインストリームメディアにいらっしゃる方だと思いますが、メインストリームメディアの中でも、佐藤さんは、社会の中でのマイノリティとか、差別されているグループなどに寄り添うような形で取材活動をされてきました。それもあるひとつのターゲットであり、社会のあるひとつのコミュニティに寄り添っていこうという姿勢だと思います。そのようなやり方が、メインストリームメディアでも行われてきていて、佐藤さんはまさにそのような仕事をされてきた方でしょう。佐藤さんは、いま、渡辺さんが指摘したメインストリームメディアに対する評価に対して、ご自分がこれまで行ってこられたことと、ギャップを感じるようなことはありますか？

佐藤　まず、マイノリティの問題を扱った記事の場合、マジョリティの側にいる多くの読者には関係がないと捉えられがちです。でも、実はそうではありません。

マイノリティの側からみていると、問題はただマイノリティだけの問題ではなくて、むしろその問題の根はマジョリティの側にある。だからその問題を伝えることによって、社会全体にとっていい方向に変わる可能性があると思います。

大きなメディア企業には大勢の記者がいて、官庁や企業などが発表するニュースの取材も含めてたくさんの仕事がある。ニュースは日々大量に流されて、どんどん消費されていくような感覚もあります。

けれど、これは大切だと思うテーマについては手放さず、自分の問題意識を深めるように取材を継続している記者はたくさんいます。

私もそうありたいと思っていますが、これは失敗だったと思う経験を一つお話したいと思います。

今年に入って、文部科学省の官僚たちが各地の大学に大量に天下りをしていたという問題が明るみになりました。文部科学省側が官僚の退職前に大学側と調整して、大学運営にかかわる理事や教授となるようにしていたという問題ですね。

どうして官僚に対して再就職の受け皿が用意されている

のでしょうか。官僚たちは事務次官を頂点にした出世競争の中でこれ以上の昇進はないということが見えたとき、省外の法人などに再就職していくのが慣例になっています。

私が文部科学省の記者クラブを担当していた２００２年から03年ごろというのは、全国の国公立大学が法人化を目前に控えていて、まさにこの天下りがささやかれていた時期だったんですね。

「教育改革」という名の下で、経済界の要請を受けた新自由主義的な施策が続々と打ち出されて、「ゆとり教育」に対する批判も出るようになった。公教育の中でエリート人材の養成に力を入れていくということも隠さなくなっていました。

そんな時に大学の法人化が迫っていた。バブル崩壊から10年が経って、財政も圧縮されていく中で、大学も自立して研究予算を調達できるようになれと、民間企業とも協力しあって稼げる組織になれという〝改革〟です。

大学にとってはかつてない、他の大学と競争にさらされることになる。法人化を順調に進めるには文部科学省との調整ができるパイプ役がほしかったんですね。

私は、文部科学省の官僚が大学に就職していくのだろうと考えて、法人化について議論していた大臣諮問機関の中央教育審議会（中教審）のメンバーや、大学教員、当局の関係者を取材していきました。

その結果、法人化の後には文科省から大量の天下りが生まれるという構図がみえてきた。それは百人規模になるだろうということです。大変だと思って、一面と社会面に記事を書きました。

早速、この特ダネに対して、文部科学省の幹部から「あの記事は何だ、何を根拠にして書くのか」と、朝から〝苦情〟が携帯電話にじゃんじゃんかかってきました。

記者クラブに行くと記者向けレクチャーの告知ボードに紙が張り出されている。「東京新聞の今朝の記事はでたらめだから、他社の皆さんの取材は受け付けない」といった趣旨でした。もちろんその紙ははがしてごみ箱に捨てましたけど。圧力をかけたら私も他社も黙ると考えたのか、本当に陰湿な当局の嫌がらせですね。

「私の記事がでたらめだというならどこがでたらめなのか説明をしてほしい」と当局に抗議しましたが、「記事は誤り、でたらめだ」と言い張るだけでした。

今、天下りの問題が明るみになって、あの時の当局の過剰ともいえる反応は、何をばらされてしまうのかと官僚たちが本気で恐れた表れだったんだと思います。

私はもっと天下り問題の取材を継続して、記事を書き続ければよかったのですが、残念ながら後に控えていた国政選挙の取材チームに入ることになって教育担当を外れてしまい、その後は続きませんでした。取材の甘さを思い出して恥ずかしいです。

花田　佐藤さんと渡辺さんおふたりの話は、日本のメディアのリアリティを踏まえた話だと思います。調査報道ジャーナリズムの活動がどういうものであり、どういう方法を目指すか。そしてそれをどういうビジネスモデルでやるかという問題は、その国の条件に規定されているのではないでしょうか。ハンターさんはアメリカ人ですけれども、パリに長く住んでいらっしゃいました。私は今日のお話は、やはりヨーロッパという条件を踏まえて出てきているモデルなのではないかと感じます。

そこでハンターさんに伺いたいのは、ステークホルダー・ドリブン・メディアという、いま議論されているこのモデルは、どのようなヨーロッパのメディアのリアルを反映したものなのでしょうか。つまりこのモデルが、どの国にも適応されるユニバーサルなものでありうるのか、ヨーロッパという条件に規定されてきたモデルなのか、ということです。

ハンター　そうですね、実際にこの話をすると、果たしてそのようなメディアができるのか、機能するかどうかという疑問の声があがります。しかし実際にはヨーロッパ以外にも成功している例があります。いま、ステークホルダー・メディアが台頭している背景には、これまでの既存の主要メディアが、大きな問題を抱えているという現状があって、その穴埋めをする形で新しいメディアがでてきている。そう考えて欲しいのです。逆に言えば、その大きなメディアがきちんと機能しているところでは、新しいメディアは入る余地はないということです。

❖調査報道の結果に中立はありえない

花田　では、残り時間、フロアからの質問を受けたいと思います。ハンターさん、もしくはおふたりのパネリストに対してご質問があったら。

参加者A　ハンターさんに伺いたい。日本には「客観報道」という、ジャーナリストは中立でなければいけない、対立した意見があったら、両方から聞いて、どちらにも与してはいけない、もしくは与していないことを装わなければいけないというルールがあります。あるコミュニティに対して忠実であり、そこの利益を追求するメディアということになると、ある種の党派性を帯び、ムーブメントと無関係ではなくなる。そのような党派性は、いまのメインストリームメディアにおいて、一番嫌われることであり、また、権力がそれをつぶすときの非常に大きな口実になっています。ですから、権力と対峙するためには、常に我々は中立であるということを装うことをいま日本のメディアは強いられています。そういうことを考えている段階では、ステークホルダー・ドリブン・モデルというのはまだまだ成立しないと考えても良いのでしょうか。

ハンター　ご質問を頂きましてありがとうございます。おひとつ、お伝えしたいことがあります。

まず私たちが言うような客観性、中立報道というものは、第二次世界大戦の後に出てきたもので、その前には存在しなかったものなんですね。

なぜそれらが一般基準になかったのかというと、第二次世界大戦からの全体主義に、もう一度戻ってしまうのではないかという恐怖がその背景にあったのです。

しかし私は調査報道ジャーナリストとして、判断を下すことを大事にしています。私にとっては、客観性は必ずしも中立ではありません。社会をよりよくするという目的を持った調査報道ジャーナリストである以上、調査結果に対して中立であることはできません。客観性とは、メディアの倫理ではありません。自分が調べた事実に関して客観的であるべきだということです。事実を尊重するということです。客観性という言葉が意味するものは、私の調べた結果が自分が望んだ結果であろうがなかろうが、事実はこれだという調査結果が出た場合には、事実としてきちんと受け入れること。それを私は客観性と呼んでいます。

一方、それは特定のコミュニティに対して、私たちの調査結果を押しつけて「解決策を考えてください」と言うことではなくて、調査報道ジャーナリストの役目とは、問題をどのように解決していったらいいかという方法や手段を提示するということです。そういう意味で、主観的な報道なのです。

これからの時代、記事に対する圧力はさらに強くなると思います。世界中の人々が、真実に到達することや、問題を解決したりすることに対して、とても絶望的になっている。もしもそのような人々を前にして、私たちが中立性という言葉を使って記事を伝え続けるのであれば、私たちジャーナリストは誰の役にも立てないでしょう。

参加者A　私も主流メディアに在籍していたのですが、最大の問題はそこですね。両方の意見を聞くということを言っていると、結果的に、権力をもっている人たちの意見が強くなるというのが現実です。

ハンター　権力側の答が日本では強くなっていることですね。

参加者A　結局、客観報道とは、権力側の意見を、メディアが受け容れることのひとつの口実になっているような気がしていたので、いまのお話はとてもよくわかりました。

ハンター　日本だけじゃないですよ、世界中いろんなことで起きていることだと思います。客観性というのは美しい言葉ですよね。でもそれを実践するということは必ずしも美しいことではありませんね。「ゴミを食べること、それが正しい客観性だ」と言われても、誰だって嫌ですよね。たとえそのゴミが甘いアイスクリームに見えるとしても。私はそんな客観性は絶対に食べません。

参加者A　そういう意味では私はワセダクロニクルが始めた調査報道は、メインストリームの客観報道主義に対する、ひとつのアンチテーゼとして、極めて重要なポイントにあるとわたしは思います。

ハンター　私もワセダクロニクルに期待しています。メインストリームを競争相手としてやっていけるような存在になってほしいですね。ワセダクロニクルはいま、新たな市場、マーケットの可能性を示しています。

花田　いまのご発言を理解するために、参加者の方、ご自分のバックグラウンドを差し支えなければお話いただければ。

参加者A　私は全国紙で、経済報道に携わってきました。銀行や財務省などとバトルを繰り広げて、たくさんの面白い経験をしてきました。しかしそのなかで、限界もいろいろと感じました。客観報道という神話が戦後の日本のジャーナリズムにあり、ある種の輝かしい時期もありましたが、ある時期から客観報道が言い訳になって、真実を伝えないことの言い訳にされてきているのではないかと感じていました。
それゆえに、いま、新聞記者のひとりひとりがわくわくできないような状況になってきたのではないかと考えています。

ハンター　人々、読者が求めているものというのは、ただ単なる事実ではなく、その事実が何を意味するものなのかということを知りたがっているのです。事実の意味を伝えるためには、客観性の壁を越えねばなりません。政治家はよく「ジャーナリストは事実だけを報じるべきだ」などと言いますが、これはウソです。ジャーナリストはこのような政治家に甘んずるのではなく、事実が示す意味を彼らに突きつけ続けなければいけない。私たちは、人々がどうやったら勝てるのかという方法を伝え続けているんですね。ですから政府が言っているウソをマスコミが伝え続けるというのはあまりにもひどいことですね。

参加者B　ただ単に情報を伝えるというだけではなくて、何かをしなくてはいけないということ、自分がその問題に関わっていくのだということが、新しいメディアの役割だということを伝えてくださってありがとうございます。問題を発見して、その問題を社会化する社会起業家、というコンセプトがありますが、ステークホルダー・ジャーナリズムは、そのような社会起業家と似た存在なのでしょうか。

ハンター　社会起業家の精神を持ったメディアという側面はあると思います。社会起業家的な考え方を持ってメディアを作っていくということはとても大事なことですし、必然だと思います。それは既に起きています。しかし、利益を目的とした社会起業モデルをとるか、ノンプロフィットモデルをとるか、ということは大きな問題ではない。大事なことは、人々の生活を良くしていくためにはどうしたらよいか、その価値を誰のために作り出していくのかということです。プロフィットなのかノンプロフィットかという法的枠組み自体が重要なのではなく、何を価値として、何を目的として、どういう組織を作るのかということが、ずっと重要だということ。世の中を良くするために、どの法的役割が適切なのかを考えれば良いということです。

参加者B　ありがとうございます。私は去年（２０１６年）大学を卒業して、ワセダクロニクルの一員として参加しています。自分の空いてる時間、週末などでこのプロジェクトに参加しています。卒業してから主流メディアに行こうかどうか悩みながらやってきましたので、今日はハンターさんのお話で大変勉強になりました。

❖なぜフェイクニュースを信じるのか

参加者C　私は既存メディアに勤めております。このような会に出ると、いつも、被害者意識なのかもしれませんが、既存メディアの一員としては、被告席に立たされているようで身を小さくして聞くことが多いです。

日本では、15年、20年前くらいからでしょうか、メディアは権力だけを敵にまわすのではなくて、市民も敵にまわしているのではないかと指摘を受けることが多くあります。実際に、わたしも新聞社の社会部にいてそれをひしひしと感じることがあります。

いま、フェイクニュースが世にはびこるなかで、既存ニュースが発信するニュースよりも、フェイクニュースが発信するメディアのほうが信用されるような状況を、マークさんがデータを持って説明されていました。

そういう中で､ワセダクロニクルというプロジェクトが、市民と共にやっていこうという素晴らしい形態として、むしろ大手メディアの穴を埋めるような形で出てきたのだと思います。

しかし私にはまだわからないことがある。なぜ、大手メディアが報じることよりも、フェイクニュースのことを人々が信じるような心理状態に人々がなってしまったのか。その中でワセダクロニクルのような調査報道メディアが新しく出てくることも良いのですけれども、我々は既存メディアにいるものとして何ができるのか、何を間違ってこのような状態になってしまったのか、どう改善したらいいのかということを知りたい。我々既存メディアも、みなさんと同じように、世の中を良くしたい、人権を守りたい、戦争を防ぎたいということで、私自身も30年間くらいやってきたのですが、どうしてこうなってしまったのか。世界的な潮流の中で日本もその流れにあるのかもしれませんが、それを分析して教えていただければと思います。

渡辺　なぜフェイクニュースをみんな信じるのか。それはよくわかりませんよね。たとえば、さきほどの映像でも、トランプ大統領に対してＮＯ！　ＮＯ！　と言っていますが、トランプにＮＯっていってもしょうがないと思うのです。トランプを支持するような人たちがなぜできたのかということをちゃんと伝えないと。みんなフラストレーションがたまっているので、すっきりしたことを言ってくれるところに飛びつくような状況があります。それは時には小泉首相であったり、トランプ大統領であったり、ものをはっきり言って、気持ちのいいことを言い放ってくれる人に飛びついてしまう。

フェイクニュースも、ウソを信じているというよりは、信じたいことを信じている、自分にとって気持ちいいことを信用しているだけだと思うのです。メディアがだめだから、フェイクニュースが増えて、それを信じる人が増えてきたというよりは、社会の中の格差など、さまざまなストレスを抱えている状況が生まれていることなど、その背景を見ていかないと、フェイクニュースがみんな既存メディアがダメだからということにされるのは、違うと思います。そこを分けて考えないといけない。

既存メディアが克服する必要がある問題と、フェイクニュースのことまで引き受けなければいけないというのは、少し違うのではないか。

さらに加えるならば、攻撃する対象を皆が求めているという傾向がありますね。たとえばベッキーが不倫したという報道があれば、「不倫けしからん!」みたいな感じでみんながわーっと行くような。そのような流れと、現在目の当たりにする既存メディアに向かう批判は少し似ているように思います。それとこれとは分けて考えたほうが良いでしょう。

ハンター 質問してくださった内容は、大手のメディアもずっと社会を良くしようと、物事を改善しようとしてきたにもかかわらず、なぜ批判されたり、信じられなくなっているのかということでしょうか。

答えは非常に複雑です。ひとつの要素として、1970年代から、特に、ヨーロッパやアメリカで起きたことですが、マスコミが、権力を持つ人たちのことを中心にニュースを伝えるようになったことです。そのようなことを続けているうちに、一般の人たちが、ニュースというものは、自分の生活には関わりのないことなのだと思うようになってしまった。それが1970年代に起こったことです。そして1997年には、大きな経済恐慌が起きました。その後10年間で3回にわたって経済恐慌が起こり、経済的に苦しむ人々がさらに増えても、メディアは彼らを救うことができなかった。これもメディアの信頼失墜につながったと思います。

また、メディアの集中化ということも起こりました。様々なメディアが、少数の人々によって所有されてしまったのです。ですから、読者や視聴者が、メインストリームのメディアを信じなくなったというのも驚きはしません。また、インターネットの誕生によってもうひとつのメディアが台頭したことも大きいでしょう。

大手メディアに何ができるのかという質問に対してもお答えします。

いま、大手のメディアに求められていることは、私たちがなぜこの記事を書くのか、私たちの使命は何かということをもう一度考え直し、再構築すること。そしてそれを市民に伝えることです。

このような議論はヨーロッパではありません。ヨーロッパのメディアは、自分たちのおかげで市民は自由であると言い放っているからです。

しかし実際には、人々は自由を失ってきています。主流メディアがやらなくてはいけないこととは、なぜ、ステークホルダー・メディアという新しいメディアが成功しているのかをよくよく研究することです。彼らがどんなビジネスモデルを使っているのか、どのような形で利益を得て、どんな運営をしているのか、そして彼らが伝えているニュースがどのような特定のコミュニティに伝わっているのか、これらを分析する必要があります。そのニュースを欲しがっているのは誰かも、よく分析する必要がある。新しく台頭したメディアのやり方を観察することです。

メインストリームメディアにもシフトが起きています。その良い例がニューヨークタイムスです。ニューヨークタイムスは、トランプ大統領を支持しない人々にターゲットを絞ったリポーティングを導入しはじめている。とりわけ大統領選挙から、そのような戦略を採り始めています。10年前は考えられなかったことです。

❖人々は特権階級と化したマスコミを支持しない

渡辺　僕は、日本の既存メディアが信頼されなくなった原因については、もっと単純な話だと思っています。つまり闘わなくなったということです。僕が朝日新聞を辞めた最大の理由はそれです。経済モデルの話以前に、闘っていないということが見透かされている。記者会見に出ても、メモばかりとっているとか、パソコンを打っていて、怒るヤツもいない。僕など、たまに調査報道チームで記者会見に出て騒ぐと、あとから「あいつが騒いでいた」と会社の人から陰口を言われる。完全にメディアの側が権力側に行ってしまったということが、人々にも感覚的にもうわかっているということでしょう。

それこそ「忖度《そんたく》」の世界です。

一番わかりやすいエピソードを挙げましょう。朝日新聞では、前の木村伊量社長が辞任したわけですが、社内でその最後の退任の挨拶があったときのことです。

そのときにも「一切質問は受け付けません」という態度でした。新体制の社長もいて、木村社長がしゃべるわけです。質問も受け付けず、木村社長は自分の功績を並べ立てて、「では！」と言って部屋を出ていったのですが、拍手がやまないのです。浅田真央ちゃんが演技を終えた後のように、満員の会場でずっと拍手がやまない。僕は思わず数えてしまいました。18秒も拍手が続いたのです（笑）。唖然としました。

もう、記者たちが完全に「向こう」にいってしまっている。つまり、彼らは特権階級で、完全に市民の側ではなくて、エスタブリッシュ、エリートの側の人たちであり、俺たちの代弁者じゃないんだということを多くの人が気付いてしまったということです。

そここそが問題なのです。大手メディア、既存メディアという仕組みがダメなのではない。逆に言えば、既存メディアでもちゃんと闘えば、支持を集めることはできるのです。

ハンター　いま渡辺さんが本当に直接的な説明をされましたが、それが本当に正しいことだと思います。人々がどう私たちを見ているかということです。メディアの所有者たちが我々を抑圧しようとする力は非常に大きいけれども、そのような時に、我々自身、ジャーナリスト自身がどうするのかということが問われている。渡辺さんが大変直接的な物言いをされたけれども、私たちの仲間である渡辺さんがそうはっきりとおっしゃるのを見るのは、大変幸せなことです。まさにそここそが問題なのです。

参加者D　そうすると、アメリカやヨーロッパのジャーナリストたちも、市民から浮き出したということなのでしょうか。

ハンター　実は多くの人がジャーナリスト嫌いであるということを感じています。私の近所の人が、我が家の夕食に来たときに、彼は「自分はジャーナリストが嫌いだ。そして外国人も嫌いだ」と言っていたのです。わたしはその二つに当てはまっているので、大変気まずい思いをしました。

新しいメディアが次々と誕生し、中には成功事例も出てきています。共通点は、「私たちはこのために報道するのだ」という、明確な目標を持っていることです。自分たちがどんな社会に住みたいのか、という明確なイメージと目標を描けている。

私たちがいまこそ、人々のために闘って、人々のための報道をすれば、必ずそこに、新しいビジネスマーケットや雇用が生まれるはずです。権力側の言葉を伝えるのをいますぐにやめるべきです。あまりに多くの人たちが権力側によって苦しめられているのですから。

❖市民がいかに調査報道をになうか

参加者E　さきほど、マスコミの方が中立ということをおっしゃっていましたが、その中立という美名の下で、結果として報道された記事やテレビ番組に対して、市民は怒っているのだということをわかって頂きたいです。さきほどの渡辺さんのご意見にわたしも共感します。大きな会社にいると、できないこともたくさんあるとは思いますが、そのような社内の事情は読者にとってはどうでもいいことです。要するに、結果として書けないのね、ということがわかるだけです。それはネットが発達したからということだけではありません。新聞から離れていくのは当然だと考えます。以上はコメントです。

ハンターさんへの質問としては、プロでもなんでもない市民が、問題を伝えていくための力をつけていくためのヒントがあれば教えて頂きたいと思います。少し背景を伝えますと、私は、観光地として非常に人気が高い鎌倉という地域に住んでいます。緑も多く、お寺などの史跡も多く、素敵なところだと思われていますが、実際には、鎌倉市や鎌倉のお寺が、鎌倉の緑や史跡を壊しているという事実があります。よく「鎌倉は緑が残っているからいいわね」と言われますが、実際には残っているのではなく、市民が残しているから、残せている部分においては残っているということなのです。私は普段は出版社に勤めていますが、そういうときは市民として抵抗運動をしたり、役所に行って情報公開請求をしたり、さまざまな書面活動、ニュースレターなどを作って発信しています。マスコミの方もさまざまな方がアクセスをしてきて、テレビや新聞でもたくさん報道して頂いたのですが、やはり限界も感じているので、私自身がまず、鎌倉の問題を伝えていかなくてはいけないと思っています。ですので、何かヒントがあれば、教えて頂ければ。

ハンター　問題を伝えたいと思っているということですが、ご自分でメディアを作って立ち上げよう、と思ったことはありますか?

参加者E　市民運動というのは、仕事を持っている人が、仕事以外の残った時間を使ってやっているので、限界があるのです。キャンペーンもやっているし、地域の中でも注目はされているのですが、もっともっと発信していければと思っています。

ハンター　それはすばらしいことですね。

渡辺　メディアを持つか持たないかではなくて、しっかりした強烈なファクトを取るということです。それさえ取れれば、どこに出すかというのは、新聞であれテレビであれ、ネットであれ、何でも良いわけです。市民として仕事を持ちながら、関心のあるテーマをどうしたら深掘りをして、調査報道をやることができるかということですが、やはりプロと素人の違いがあるとは思います。しかし、素人だからといってできないということは全然なくて、たとえば情報公開の交渉のやりかたなどは、知っているか知らないかで全然違ってきます。これまではメディアが、そのようなノウハウを独占していました。ワセダクロニクルでは、月1回勉強会を開くなどして、このテーマだったらこういう情報公開をしようというような手法を、積極的に開示していきます。それで手法を共有して学んでいただくというのが一番良いのではないでしょうか。

ハンター　お伝えしたいことは、こういう社会の問題に関わることによって、あなた自身の内面性がすごく成長するということです。それは必ずしもプロのジャーナリストであるかどうかというのは関係なくて、その問題の当事者として自分が関わっていて、それを伝えたい思いというのがとても大事なのです。それを持ち続けることが、次の戦いで勝つ秘訣なのです。ベストではないかもしれませんが、私たちがいま現在持っている最高のやり方をお伝えすることはできると思うので、ぜひ、ワークショップにいらしてください。明日から二日間、ワセダクロニクルで調査報道のやり方についてワークショップを行います。今日来てくださったみなさんの中でご興味がある方がいれば、どなたでも歓迎しますので、ぜひいらしてください。

花田　ハンターさんのワークショップが明日から2日間連続で行われます。『調査報道マニュアル～仮説・検証・ストーリーによる構成法』というハンターさんの著書を元に行ないます。いかにして調査報道を行っていくかという方法論が書かれている本です。非常に実践的な本です。この本に基づいて、ワークショップを行います。先ほどのご質問の関係で言えば、この本は、ジャーナリストだけに役立つ本ではありません。NPO、NGOで、権力の活動を監視しようとしている団体はたくさんありますし、個人でもそのような方はいます。そのような人たちに役立つ方法が書かれています。ジャーナリストだけを対象にしているわけじゃなくて、ステークホルダーのプレイヤー、アクターたちにとっても役に立つ本です。自分たちで権力を監視すべきだということ、そのために方法が必要だということで、この本が書かれているのです。

市民運動をする人たちも、情報公開請求を使って、いかに行政から事実を引き出すかということ。そういう活動をするときに、この本では、仮説を立てて、ストーリーを作れ、という方法が書かれています。

そのことは、決して、プロのジャーナリストの仕事に役立つだけではなく、市民社会のさまざまなグループや個人にとっても役立つものです。たとえば自分が直接の被害者になっているとき、間接的に支援したいと思っているときに、どのようにして公権力と渡り合い、ファクトを引き出すか。それをどう人々に伝えていくか、という方法論が書かれています。

ハンター　どなたでもご興味ある方はぜひワークショップにいらしてください。

花田　NGO、NPOをされている方もぜひご参加ください。明日からのワークショップで、どういうふうに活動を組み立てて事実を引き出していくかを学ぶことができると思います。では、最後に一言お願いします。

ハンター　今日はどうもありがとうございました。今日来てくださった皆様に感謝しています。長い時間集中して聞いてくださってとてもお疲れになったと思います。みなさんどうもありがとうございました。

渡辺　今日はどうもありがとうございました。ワセダクロニクルはまだまだ小さな組織です。クラウドファンディングには手応えを感じています。金額が当初の予定よりも集まっているし、そこに添えられたメッセージにも心強いものが多くありました。クラウドファンディングが終わったあとに、我々が目指しているのは、継続の寄付会員です。たとえば月1000円の寄付会員が1万人いれば、もう十分やっていけるのです。

朝日新聞は650万部で、それの650分の1ですけれどもそれだけの支えがあれば、十分、いまの調査報道を持続的にやっていけます。とりあえず毎月1000円の継続寄付サポーターを募っています。ぜひみなさんに、力になって下さる方々がまわりにいらしたら、お声がけいただければと思います。よろしくお願いいたします。

佐藤　今日のテーマである権力の問題というのはこんな風にも思います。権力とは目の前に大々的に立ちはだかるというよりも、むしろ、私たち記者が権力の過ちを過小に評価したり、権力におもねって誤りを見過ごしたりする、その積み重ねの中に忍び込んでいるのではないでしょうか。

だから、日頃の記者活動の中でまずは事実を正確に捉えることを徹底することだと思う。そして、書きたい、書くべきだと思うことについてはひるまずに書き続ける意志が必要だと思う。思いだけがあって書かないのなら、それは何にもならないのではないでしょうか。

花田　予定より1時間超過をしてしまいましたが、ハンターさん、パネリストの佐藤さん、渡辺さん、通訳の大矢さん、そしていらしてくださったみなさん、どうもありがとうございました。

Ⅲ．アメリカの調査報道メディアはいま

大矢英代

❖オスプレイ墜落

「それ以上近づかないで！」

背後からスピーカー音が轟いた。振り返ると１００メートルほど後方から、数人の男性が乗った小型船が白波を切りながら接近して来るのが見えた。乗船しているのは警察だろうか。海上保安庁か沖縄防衛局の職員かもしれない。誰にせよ、私が乗っている船に制止を呼び掛けていることは明確だった。彼らが「近づくな」と忠告するその物体は、すでに私の視界に捉えられていた。青く透き通ったサンゴ礁の海、その水面から突き出た航空機の翼。先端は折れ曲り、ケーブルが飛び出ている。辺り一帯に散らばった鉄製の部品。ドーム状の物体は、コックピッドだ。フロントガラスは割れ、操縦席は完全に浸水していた。米軍の最新鋭輸送機・オスプレイの残骸だった。

２０１６年12月13日、沖縄県名護市の沖合いにオスプレイが墜落したあの日、私は琉球朝日放送の取材班の一人として事故現場から最新情報を伝え続けていた。事件事故が繰り返される、何も変わらない沖縄の現状を前に、取材をしながら悔しくて堪らなかった。

「沖縄で起きていることは、沖縄という地域の問題じゃない。これは日本、そしてアメリカという国の問題だ」

そう思った瞬間だった。

❖アメリカの調査報道メディアへ

墜落事故から4ヶ月後、私はカリフォルニアの地を踏んだ。アメリカの調査報道ジャーナリストたちを訪ねるためだ。きっかけは、琉球朝日放送を退社したことだった。沖縄のためにも、今後は本土やアメリカで取材をしなければならないと思っていた矢先のこと、学生時代の恩師である花田先生からご提案を頂いた。

「調査報道をやってみませんか」

だが正直、調査報道という言葉に戸惑った。しっかり調べた上で報道するという意味ならば、いままでの取材もそうだった。ならば、調査報道ってそもそも何だ。勉強不足の私は、調査報道の意味も分からなかったのだ。次第に疑問は興味に変わり、早稲田大学の招聘研究員、そしてワセダクロニクルのシニアリサーチャーとしてチームに迎え入れて頂いた。しかし「ワセクロ」は誕生してまだ2ヶ月余り。日本初となる大学拠点の調査報道メディアとして、何を核とし、どんなメディアを目指せばいいのか。それをジャーナリズムの本場であるアメリカで学ぶことが訪米の目的だった。

❖伝説のジャーナリストとの出会い

訪れたのは、カリフォルニア大学バークレー校。1868年設立、現在約170の学部で約3万8000人の学生たちが学ぶ、アメリカを代表する有名公立大学の一つだ。ジャーナリズム大学院の中に「調査報道プログラム」がある。将来の調査報道ジャーナリストの育成を目的とした教育と発信を行う機関だ。大学院の傘下にありながら、一般市民などからの募金で運営される独立メディアである。立ち上げたのは、ローウェル・バーグマン氏。ワシントンポストやフロントラインなどの調査報道の第一線で活躍してきた、アメリカを代表するジャーナリストの一人であり、煙草産業の不正を告発したテレビプロデューサーとして映画「インサイダー」のモデルにもなったことで知られる伝説のジャーナリストだ。

大学で教鞭を取り始めて25年。現場主義のジャーナリストは、なぜ調査報道にこだわるのか。それについて、バーグマン氏は明快な回答を持っていた。

「私たちは、大手メディアのように事件事故や政治スキャンダルなど『いま起きている』ニュースは扱いません。私たちが目指すのは、調査に特化した他の誰にもできない『ストーリー』です。政府や組織の主張の裏側を見破り、隠された真実を探し出すのです。誰も語ろうとしない、書こうとしないことを市民に知らせることがより良い社会の構築につながるからです。」

その目的のために、将来の調査報道ジャーナリストを育成するこの「プログラム」を立ち上げたという。週に2、3度開かれるゼミでは、オープンソース（公的な情報源）から必要な情報を探し出す方法や、非公開情報の入手方法などのスキルを一から学ぶ。授業に招かれるゲストスピーカーは、探偵、警察、FBI捜査官、連邦裁判所判事など、いずれも学生たちがプロになった直後ではなかなか出会えない「情報源」だ。

「私たち調査報道ジャーナリストが存在する意味は何でしょうか。私の答えは明確です。『市民が信頼できる情報を提供する』ということです。」

70歳を超えたジャーナリストは柔和な笑顔の奥に、厳しい眼差しを据えながら語った。

❖権力に斬り込む

「プログラム」ではラジオやテレビ局とタッグを組み、これまで28作品のドキュメンタリーを生み出してきた。現在制作中の作品は、米軍ヘリに関するものだ。担当する「プログラム」スタッフであり、ジャーナリストのジェーソン・パラディーノ氏（27）はきっかけをこう語る。

「墜落事故が非常に多く、訓練中だけで100人以上が事故死している米軍ヘリがあることを知り、『なぜだろう』と不思議に調べてみたら、同じヘリを使用している日本の自衛隊と米海軍で大きな違いがあることが分かりました。自衛隊は定期的に新しい機体に買い換えていますが、米海軍は何十年も古い機体を使い続けていました」

やがて米軍という巨大な組織に対する疑念が生まれた。

「僕が国に払う税金の4分の1は国防省に渡ります。アメリカのように莫大な軍事予算を保有する国で、なぜ古い機体を使い続け、墜落死亡事故が多発しているのか。軍事予算はどこに消えているのか、カネの行方を突き止めたい。僕の仮説はこうです、『本来整備費に当てられるべきカネが、最新兵器の開発費に費やされている』」。

ひとつの疑問から仮説を立て、じっくり時間をかけて独自取材を進める彼の姿を見て、私は自分自身の沖縄での取材を思い出していた。オスプレイが墜落したあの日のことだ。

原型を留めないほどにバラバラになったオスプレイは紛れも無い「墜落」だった。だがその後、米軍は機体を撤収し「安全性に問題なし」と結論付け、日本政府は「アメリカが安全と言っているなら安全だ」などと追認し、事故発生後1週間もしないうちにオスプレイは再び沖縄の空を我が物顔で飛び続けた。アメリカのメディアが「crash（墜落）」と見出しに大きく打った一方、日本のメディアの多くは日米両政府が言う「不時着」という言葉を使った。日本のジャーナリズムの現状を浮き彫りにする、象徴的に出来事だった。

アメリカの調査報道ジャーナリストたちと出会ったいま、あの時とは違った悔しさが込み上げてくる。オスプレイが墜落する以前から、私が記者として、機体の構造的な問題を独自に調査していたら、政権側が主張する『コントロールを保ったまま着水』の虚偽性を指摘できていたかもしれない。

だが、あの時の私にはその力がなかった。調査報道のイロハも知らなかった。自分自身への自戒の念も込めて、私は彼に調査報道の重要性を突きつけられた気分だった。

❖調査報道の未来

その悔しさを胸に、帰国直後のマーク・ハンターさんの講演では調査報道の基礎を徹底的に学んだ。ビジネスマンの視点で考察する彼は、調査報道は「世の中をより良くする」というサービスを提供するメディアだという。だからこそ、希望と可能性があると思った。大手メディアができない報道をワセダがやろうじゃないか。そして私自身も、物事の裏側を見破り、市民が信頼できる情報を伝えられる、個のジャーナリストでありたい。目指すのは、沖縄のための、そして真に市民のための報道だ。

最後に、バーグマン氏からもらった言葉を読者の皆さんと共有したい。

「アメリカでは調査報道とは何かを説明するこんな言葉があります。『権力や金を握る者の責任を追求することは、犠牲者を救うことである』。調査報道ジャーナリズムとは、〝Best version of the truth（真実の最良の形）〟を市民に伝えることです」

Ⅳ. ステークホルダー・メディアと当事者公共圏——ジャーナリズムは誰のものか

花田達朗

1. 市民社会・ジャーナリズム・メディアの関係変動

❖何が起こったのか

つながっているべきものが、いまバラバラになっている。市民社会とジャーナリズムとメディアの関係の現状がそれである。その関係は、実は、あるものが存在することで初めてつながることができる。それは何か。

そのあるものとは、権力である。市井の人々、一般の人々、日常生活を送る諸個人、すなわち私人によって構成される市民社会があい対する大きな力、権力である。現代においてその権力をもっているのは国家統治機構と資本主義経済機構である。その二つは巨大なシステムであるが、前者の国家統治機構は具体的には裁判所・議会・政府、つまり司法・立法・行政から構成される。この三権によって統治が行われるという仕組みである。後者の資本主義経済機構は市場メカニズムのことであり、具体的には市場のプレーヤーである民間企業によって構成される。誰もが知るように、この二つはある時は別々に、ある時は協力して私人に対して、市民社会に対して大きな抗い難い力をもって作用する。それが権力だ。

その政治的権力と経済的権力にあい対して、市民社会の利益（つまり公共の利益）を主張し擁護するものとして市民社会の中に必要不可欠なパーツとして組み込まれているものがある。それがジャーナリズムであり、その思想と活動である。そこから、ジャーナリズムの機能ないし使命とは「権力の監視」だと言われる。そして、その活動を展開する乗り物として、道具として新聞（プレス）に始まるメディアというものが作り出されてきた。メディアというのは媒体という意味であり、コミュニケーションを媒介するための技術的手段を指している。

そのメディアは、19世紀末のエジソンやマルコニーなどによるさまざまの発明を受けて20世紀になって急速に発展し、不特定多数を受け手とするマスメディアとなった。そして20世紀を通じて高度成長し、一つの産業分野を形作るに至った。固有の産業分野を形成したことによって、独自の産業の論理をもつようになった。また、一つのシステムとして自ら政治的、経済的、社会的に大きな影響力をもつようになった。それがいま単純に大文字で「メディア」と呼ばれるものであり、日本ではさらに「マスコミ」とも呼ばれる。

この歴史的過程の中で、ジャーナリズムとメディアの関係に、ある逆転現象が起こったと言える。もともとジャーナリズムが目的であって、メディアはその目的を達成する手段であったはずなのだが、メディアが産業として成立すると、メディアが主で、ジャーナリズムが従という関係に移行してしまったのである。もちろんこの逆転は全面的に１００％起こって、全体がそうなってしまったということではない。大きなトレンドのことを指しているのであり、ジャーナリズムが主で、メディアは従という考え方は現在でも残ってはいる。そう考え、行動する人がいる限りは――。しかし、劣勢なのである。

産業として自立したメディア・システムは自分自身の目的をもった。つまり利潤の増大や組織の維持・拡大という目的であり、自己保存という目的である。そこからジャーナリズムとの乖離が始まり、広がっていく。自己保存のためには政治的権力や経済的権力と妥協したり、さらには癒着したりするようになる。それどころか、資本主義経済機構の一角を占め、そのメカニズムをうまく駆動させていくためのマシーンになる。あるいは国家統治機構と連立を組んで、その補助輪となる。こうして、一方で商業主義やセンセーショナリズムを追い求め(「視聴率主義」)、他方で政治の下僕となり、政府の広報機関となるメディア(「御用新聞」)の姿が生まれる。

そうなると、「権力の監視」は宙に浮いてしまう。市民社会がジャーナリズムに託した役割はどうなってしまうのか。ジャーナリズムの思想と活動が実現できる場はどこにあるのか。それがいま問題なのだ。強い力をもつ権力が不正を行い、腐敗し、暴走すれば、被害を受け、犠牲となるのは市民社会の私人たち一人一人だ。歴史上、その最高の被害とは戦争である。さらにヒューマンライツ(基本的人権)ないし市民的自由の侵害や抑圧、差別構造の温存などの被害が発生する。

❖つながりを再び接続するために

市民社会とジャーナリズムとメディアとのつながりを再び作り出す、それがジャーナリズムの革新運動(イノベーション)の本質だ。それは権力との対峙を旗幟《きし》鮮明《せんめい》にすることで初めて可能となる。そのためにはまずあい対する相手である権力に対してナイーブで曖昧な考え方や態度を捨てて、リアルで透徹した権力観をもつ必要がある。幼い無邪気な見方ではなく、成熟した大人の見方に立つ必要がある。それは歴史の事実に学べば、容易に手に入れることができる。自分自身の歴史観をもてば、そこから権力というものがどのようなものかという理解力と想像力を得ることができる。それは個々人の自覚と努力にかかっているが、同時に家庭や学校やメディアなどの社会制度の質にもかかっている。

社会制度としてのメディアが機能不全に陥るのはジャーナリズムとの乖離によって起こる。それが著しくなってきたとき、米国ではジャーナリストたちがそのたびに革新運動を起こしてきた。これは日本では見られない現象である。近年では1990年代のシビック・ジャーナリズム（またはパブリック・ジャーナリズム）もその一つだった。それは地方紙を中心にした運動で、新聞が地域コミュニティのかかえる問題に向き合い、それを発掘し、タウンミーティングの議論に付し、紙面に反映し、問題解決をはかっていくというアプローチだった。つまりフォーラムを作るという機能である。

そのようなイノベーションの水脈はいくつも走っている。今日最も注目されるのが調査報道ジャーナリズムの水脈だ。1989年に設立された「公共の高潔さのためのセンター」（Center for Public Integrity＝CPI）は米国でこの運動を牽引してきた。それはウェブ上の非営利の調査報道メディアによる「権力監視機能」（別名、Watchdog＝番犬機能）の回復という構想である。設立したのは、チャールズ・ルイスである。非営利モデル自体の模索は米国で70年代からすでに始まっていて、調査報道記者編集者協会（Investigative Reporters and Editors＝IRE）が1975年に誕生していたが、CPIは非営利と権力監視を強力に結び付けるアプローチを押し進め、それをモデル化していった。既存メディア組織からネットメディアに場所を移して、調査報道ジャーナリズムをやろうというジャーナリストたちが、多くのNPOメディアを立ち上げてきた。そして、そのモデルは米国のみならず、他国でも追求されるようになった。

ところで、その非営利モデルの財源は何だろうか。CPIや多くの調査報道ネットメディアは米国の大型民間助成財団の助成金によって賄われている。2007年設立のNPOメディア、プロパブリカ（ProPublica）はカリフォルニア在住の大富豪の寄付で誕生した（年に1000万ドル、8億円の寄付）。米国にはそのような助成財団や富豪の存在があり、環境やヒューマンライツや貧困や教育などの分野に多額の資金を供給しており、NG

OやNPOの活動を支えている。ジャーナリズムもその助成および寄付の対象分野になっている。これを米国の外から眺めると、羨ましい限りである。ジャーナリズム分野に資金を提供する助成財団や富豪の存在しない国ではどうすればいいのだろうか。経済的・文化的条件が米国とは違うのである。すなわち、非営利と権力監視とを連結するモデルは米国特有の条件を前提にしたものだという見方も可能だろう。[*1] 私はそれに傾いている。

❖ワセダクロニクルの試み

先に、日本ではジャーナリストによる革新運動は見られないと書いた。メディア組織つまり「マスコミ」の内部からジャーナリストの革新運動が起こることは、残念ながら、なかった。この国ではそもそもメディア組織（会社）とジャーナリスト（記者）が切り分けられていないので、「ジャーナリストによる」という構図が成立しないのである。それが日本の現実だと言わなければならない。しかし、もしジャーナリストたちがいざイノベーションに立ち上がったとしたら、日本にはメディア組織の外側に受け皿はあるのか。もちろん受け皿がなければ立ち上がらないというのでは、何か新しいこと（イノベーション）はスタートしない。と同時に、立ち上がろうとする人々がいるとき、それを支援する仕掛けや受け皿や力は必要だろう。

そのような関係の中で、大学のジャーナリズム研究所を拠点とする調査報道ジャーナリズム・プロジェクトとして「ワセダクロニクル」は誕生した。日本独特の「マスコミ体制」「組織ジャーナリズム」「会社ジャーナリズム」の環境に見切りをつけて、別のことをやりたいという記者たちに大学の研究所としてアジールの場所を提供したということだ。中世の公界寺のようなものである。

ワセダクロニクルにとっては非営利活動そのものが目的なのではなかった。大学に拠点を求めたので、結果として非営利になったのである。目的は既存メディアでやらなくなった、やれなくなった調査報道ジャーナリズムによる権力監視、watchdogをやるということであった。その目的が果たせそうな場所を大学の研究所に求めたということである。

この試みは小さいけれども、見渡している展望は広く大きい。目前のガラパゴス状況の「マスコミ体制」を脱して、いま世界中に広がる調査報道ジャーナリストたちによるムーブメントに参加し、キャッチアップしていこうとしている。それは市民社会と接続し連携して、そこからの支援を受けたジャーナリズムを再興していこう（日本にかつてそのようなものがあったかどうかは別にして）という試みだと位置づけることができるだろう。

2. マーク・リー・ハンターの「ステークホルダー・メディア」という観点

❖プロジェクトとその知的背景

早稲田大学ジャーナリズム研究所は、『調査報道実践マニュアル——仮説・検証、ストーリーによる構成法』[*2]（旬報社）の編著者であるハンターを日本に招き、本年（２０１７年）5月3日にシンポジウムを開催した。その時の講演では上記の本についてではなく、彼の新しいプロジェクト、「ステークホルダー・メディア・プロジェクト」についての話をしてもらった。そのプロジェクトの成果物は「Power is Everywhere」としてネット上に公開されている。[*3]その日の講演タイトルは、「権力はどこにでもある——どのようにwatchdogメディアは継承されるか」だった。

その講演でのキーワードはプロジェクトの名称にあるステークホルダーとコミュニティという二つの英語だ。

この理解はちょっと難しい。翻訳によって、さらに2倍難しくなる。「ステークホルダーによって駆動されるメディア」（stakeholder-driven media ＝ＳＤＭ）とは何か。以下では、これをステークホルダー・メディアと呼ぶ。

ステークホルダーというカタカナが日本で人の口に上るようになったのはいつ頃からのことか。新聞記事データベースで調べてみた。日本経済新聞で１９９２年5月のコラムに、朝日新聞でも同じ年の10月のコラムでそれぞれ初めて紙面に登場する。いずれの話題でも米国の動向に詳しい財界人や経団連関係者から発せられた言葉の引用の中に出てくる単語だ。それはその頃からテーマになっていた「コーポレート・ガバナンス（企業統治）」という文脈の中で使われている。企業を取り巻く利害関係者のことをステークホルダーと呼んでいる。株主、経営者、従業員、取引先、金融機関、債権者、消費者、さらに地域社会や行政機関などが入る。つまり企業活動に利害関係をもつあらゆるプレーヤー、アクターが考えられている。そして、会社は誰のものかという、当時の議論の中で、株主を重視する米国と従業員を重視してきた日本が対比され、いずれにせよあらゆるステークホルダーをバランスよく配慮することが重要だということが言われていた。

これは米国のビジネス・スクールで起こった議論が広まったものだと考えられる。ハンターの知的背景はまさにそこにある。彼はジャーナリストであるけれども、フランスの国際ビジネス・スクールのＩＮＳＥＡＤ（インシアード）の社会イノベーション・センターの非常勤教授のポストにあり、「ステークホルダー・メディア・プロジェクト」はＩＮＳＥＡＤに置かれたプロジェクトなのである。

しかし、そこでハンターが言っているステークホルダーとは、企業ではなくコミュニティの利害関係者のことである。そして、そのコミュニティとは地域社会という地理的コミュニティのことではなく、ある価値観や利害関心を共有している機能的コミュニティのことを意味している。ステークホルダーとはさまざまの社会運動を担う組織であり、その背後には機能的なコミュニティが存在するという関係である。そのような組織ないしコミュニティが自ら作り出すメディアがステークホルダー・メディアである。ハンターたちはそのメディアの存在と働きに注目した。その際、対比されたのが既存の主流メディア（mainstream media＝ＭＳＭ）である。

❖主流メディアの空白をステークホルダー・メディアが埋めていく

では、何が論点なのか。彼らが手がかりと着想を得たのは１９９５年、フランスの極右政党、国民戦線の動向を観察していたときのことだと、ハンターは書いている。*4 極右の「コミュニティ」が独自のメディアをもち、主流メディアのらち外での情報の流れで、強力な動員力を発揮していることに気が付いたという。主流メディアが「何が問題か」だけを伝えるのに対して、そのようなメディアでは「その問題について何をなすべきか」を伝えていたと指摘する。その国民戦線はそれから22年後の今年、フランス大統領選挙の決選投票に残るまでに支持層を拡大したことを、いま私たちは知っている。

同様に、米国大統領選挙でトランプは、既存の主流メディアを敵に回しながら勝利した。その支持者たち、そのコミュニティはどのようなメディアをもっていたのか。トランプの盟友、スティーブン・バノンの経営する右派メディア、Breitbart.com である。支持者たちは主流メディアではなく、自らのコミュニティのメディア、ステークホルダー・メディアをニュース・ソースとしていた。民主党ではヒラリー・クリントンに対して善戦した左派、ベルニー・サンダースはオンライン・ビデオ・ニュースの TheRealNews に支援されていた。つまり、右とか左とかに関係なく、社会の中の、ある特定の価値観を共有した人々のコミュニティが自分たちのメディアをもち、逆にそのようなメディアを使ってコミュニティが構築されているということが理解されるのである。そして、自分たちのメディアは以前よりもずっともちやすくなったのである。既存メディアによる送り手の独占体制がインターネットによって崩れてすでに久しい。

ステークホルダー・メディアの活用は政治運動に留まらない。パリ在住のハンターはその講演で、たとえばフランスに本拠を置くＮＰＯ、Association Mieux Prescrire が発行するウェブサイト、Prescrire.org を例に挙げた。これは製薬会社や医療機関から独立して、健康・医療に携わる専門職によって、その専門職のための情報を国際的に提供する教育機関として機能している。目的は患者へのよりよい治療に貢献することである。この活動は、言ってみれば、医療のプロによる、医療のための独立したジャーナリズム活動だと言えるのではないだろうか。実際、いろいろな分野でこのようなＮＧＯやＮＰＯは増えており、その問題提起能力、探査能力、発信能力は注目に値する。そして、既存の主流メディアはそれらが発信する情報の受け手になっているのが現状である。[*5]ということは、調査報道ジャーナリズムのパワーがすでに既存メディアからＮＧＯやＮＰＯに部分的にシフトしてきているということが言える。日本の「マスコミ」にはそのことへ危機感は見られない。

かつてはその議題設定機能（agenda-setting-function）が学問的にも承認された既存の主流メディアではあったけれども、今日ではその力は衰え、さらに調査報道からの撤退で watchdog の役割からも退場し、また読者・視聴者からの信頼度も落ちている中で、まさにその空白地帯に、主流メディアを代替するかのように、ＮＧＯやＮＰＯのステークホルダー・メディアが登場してきているのである。

❖社会の網の目の中でジャーナリズムを実践する

このようなステークホルダー・メディアがいまや新しいタイプの watchdog として登場してきていることは、

さまざまの現象で確認することができる。たとえば、ＮＧＯのグリーンピースや「国境なき記者団」や「ジャーナリスト保護委員会（ＣＰＪ）」などはそれぞれの〈利害関心共同体〉に支えられながら、その共同体のメディアとして問題提起活動、議題設定活動、探査活動、情報発進活動をしている。

主流メディアがジャーナリズム専門機関として専門化あるいは特権化したことから、逆説的ではあるけれども、主流メディアは社会から遊離してしまったと言ってよいであろう。そして、専門化し特権化していたからこそ、その遊離が見えず、あるいはその現実を無視してきたのである。そのことのツケがいま、主流メディアに回ってきたと見ることができる。

そうした中でいま、ステークホルダー・メディアは権力監視の watchdog を社会の網の目の中で、さまざまのアクターと連携しながら果たそうとしている。その実践活動とはまさにジャーナリズムに他ならない。ジャーナリストとメディアを別の存在として切り離して考えたとき、つまりジャーナリストを独立したものと考えたとき、ジャーナリストは今後、どこで仕事をするのか、どちらと連携するか、主流メディアとか、あるいはステークホルダー・メディアとか、選べるようになるだろう。本当に watchdog のジャーナリズムをやりたいのであれば、ジャーナリストが新聞社ではなく、グリーンピースでの仕事を選択するということが不思議なことではなくなるだろう。

もう一点、付け加えておけば、ハンターはこのステークホルダー・メディアについて非営利モデル（non-profit）を採用していないという点である。むしろ営利モデル（for-profit）を肯定している。彼は次のように述べている。

「注目すべきことに、市場の機会とか、営利の（for-profit）の watchdog メディアの最高の実践とかについては実践家からも学者からもほとんど言及されてこなかった。この点への沈黙は、企業の使命にとって利潤とは第二次的なものだとする、いわゆる『社会的起業家主義』にも当てはまることだ。社会的であろうとなかろうと、独立したニュースという領域において商業的な実践や企業というものの可能性は一般に考えられるよりももっと大きなものだと、われわれは強く主張する。[*6]」

Watchdogだからと言って非営利でないといけないということではなく、watchdogをやってそれで稼げるはずだと言っているのである。これは議論のある所かもしれないが、米国のような寄付文化の存在を所与の条件とはできない地域においては考慮に値する考え方であろう。

3.「当事者公共圏」という観点

❖その観点と知的背景

「当事者公共圏」、私がこの言葉を最初に使ったのは1999年に刊行された本の中のコラムにおいてだった。[*7]「当事者によって設営される公共圏」という意味で使った。私の知的背景はハンターのようにビジネス・スクールではなく、社会学である。ドイツの社会学者、ユルゲン・ハーバーマスによって定式化された「公共圏」の概念を使って、市民社会・ジャーナリズム・メディアの関係の変容をどのように描き、説明することができるか。そのことについて1990年代に本を書き、[*8]その後も考えてきた。

公共圏という概念は、市民社会におけるコミュニケーションがパブリックに行われる社会空間を表している。

それは経済社会においてモノや商品の交換が市場で行われ、それを市場という空間を表す言葉で表現していることと並行した関係にある。経済社会の市場と市民社会の公共圏は発生論的に見れば双子の兄弟のようなものであり、どちらも社会的空間として知覚され、空間として作動している。その空間の中で人々や組織がプレーヤーとして行為していく。

市場がそこでのルール（自由にしてフェアーな取引）をもっているように、公共圏もルールをもっている。公共圏はコミュンケーション空間であるが、そこでのルールは言論表現の自由（つまり言説の公開制が保障されていること）と異質な他者の尊重（異なった意見へ寛容な態度を取ること、それによって開かれた空間を共有財産として維持すること）である。この公共圏が機能して、市民社会において自由にして批判的なコミュニケーションが活発に行われ、リベラリズムが増進され、その公共圏の作用によって立憲法治国家による統治機構が市民社会側から制御されていく、そのはずだった。

しかし、19世紀後半に起こった構造的な変動によって、公共圏がそのようには機能しなくなったというのだ。その変動とは公共圏の成立の前提となっていた、市民社会と国家の分離という構造が崩れて、両者の相互浸透が始まったということを指している。それは資本主義が新しい発展段階に入り、その資本主義と国家との関係に変更が生じたということだ。つまり資本主義は前期資本主義から後期資本主義へと性格を変え、国家からの介入拒否という前提を放棄して国家との癒着を始める。そして、国家のほうも国民国家という新たな国家形態へと移り、そこではパブリック（公衆）とは別に、ネーション（国民）という集合体を産み出していく。

そこでジャーナリズムは、以前は権力を監視することによってパブリックへの奉仕（public service）という自己認識をもつことができたのだが、国民国家と資本主義の癒着の中でネーションへの奉仕を求められるようになるのである。つまりジャーナリズムにナショナリズムや国益への追随を求める圧力が恒常的に存在するようになり、そして自ら進んで「御用新聞」「御用ジャーナリズム」になるものも生まれてくる。そのほうが商業新聞としては利潤を確保できると考えるからである。あるいは権力の一翼を担っている快楽もあるかもしれない。こうした「ジャーナリズム」はジャーナリズムの原則から逸脱したものであり、疑似ジャーナリズムと呼ぶほかない。そのような「ジャーナリズム」の印しは明瞭で、権力監視を求めず、国益の尊重を求めることである。

❖メディア公共圏の失敗と欠陥

こうした構造変動の結果、公共圏は変質する。確かに公共圏はコミュニケーション・メディアを必要とする。人々のコミュニケーションを媒介するメディアが必要である。しかし、本稿の冒頭で述べたように、20世紀を通じてマスメディアが産業として、そして社会システムとして自立化してくると、公共圏におけるメディアの比重が高まり、メディア主導で公共圏が構成されていくようになる。そこに「メディア公共圏」と呼びうるものが成立する。そこでは公共圏は自由にして批判的なコミュニケーションが展開される空間というよりも、広告宣伝や広報情報に溢れた空間へと変容していく。公共圏の機能の重点が移動してしまうのである。どうしてそうなるのか。

20世紀マスメディアのビジネスモデルでは、新聞は購読料と広告収入の二つを、商業放送（民間放送）は広告収入を財源としてきた。その財源でコンテンツ制作費や人件費などの経費を賄い、もって報道の独立性を確保するというものだった。他方、広告収入に依存しないモデルとして、受信料を財源とする公共放送が構想され、日本の放送制度では公共・民間の二元体制にあるとされてきた。

しかし、そのどちらにも欠陥があることが顕著になってくる。独立性を確保するための財源としての広告収入であったのに、その広告収入を稼ぐことが目的化していき、メディアが広告宣伝の媒体機関となっていくのである。メディア産業と広告産業が一体化していくのである。あるいは企業の中で、編集と広告の分離が崩れ、相互浸透が進むのである。「ワセダクロニクル」が調査報道の創刊特集「買われた記事」で白日のものに晒したのはこの隠されてきた絡繰りと、それによって誰が犠牲になっているのかということである。[*9] これは具体的な事例であり、氷山に一角に過ぎないだろう。

受信料モデルつまり公共放送のほうの欠陥は、確かに広告スポンサーからは解放されるものの、政府や議会の介入を許しやすいという構造をもっており、実際に介入を許した事例がある。公共放送は仮に経済権力からの独立は維持できたとしても政治権力からの独立は常に脅かされているのである。それを防ぐためには、他の民主主義国家がそうしているように、制度的な設計・予防措置が必要なのだが、日本の放送制度は「メディアの独立性」という点から見て欠陥を抱えている。その点を最近では国連人権理事会表現の自由特別報告者、デービッド・ケイ教授がその報告書で指摘した。[*10] 放送行政のための独立行政委員会の設置（正確には、1951年に廃止された電波監理委員会の復活、ないしはより改善された独立委員会の導入）は私を含む日本の研究者が以前から何度も指摘をし、改善を提起してきたことであるが、統治機構の側は動こうとはしなかった。その欠陥は、統治機構のほうにとってはメディア支配のために有利だからである。しかし、外から指摘される前に国内の知恵に耳を傾けるべきだったろう。

このようにして、多かれ少なかれどこの国でも、メディア公共圏は公共圏が本来あるべき姿から見て歪められたものとなり、機能不全に陥り、失敗してきたのである。メディアが市民社会へのアカウンタビリティ（やるべきことをやるという約束の履行責任。「説明責任」ではない）を果たせないという状況に陥るのである。こうした中で市民社会の、メディアからの離反が始まる。

❖当事者公共圏の浮上

やっと「当事者公共圏」に立ち戻ることができた。18年以上前に書いたコラムで私は次のように書いた。

「今日の公共圏の景観を眺めるとき、圧倒的に優位を誇っているのはマスメディアの作り出す公共圏です。資金とテクノロジーとマンパワーを十分に備えたマスメディアは社会的権力という様相を強くみせています。それが政治的権力や経済的権力をチェックする力をもつものであればよいのですが、しかし現実にはその力を十分に発揮せず、むしろ自己目的化した行動様式をとっているといわざるをえません。そこで注目されるのが、マスメディアによってではなく、事柄に直接かかわりのある人々自身によって作りだされる公共圏の存在です。これを当事者公共圏とよぶことにしましょう。[*11]」

その文章で、私は「障害者問題総合誌」という副題をもつ『そよ風のように街に出よう』（りぼん社）という雑誌を取り上げ、その内容や文体について「当事者の、当事者による、当事者のための、そして開かれた公共圏の考え方がよく表されている」と評価した。それ以来、日本社会で当事者公共圏という言葉で捉えられうる様相は強まったようにも見えるし、弱まったようにも見える。阪神淡路大震災や東日本大震災などの危機的状況の時には強まったと言えるだろう。その時はボランタリー精神の高揚と「メディア」への不信感があったことが思い出される。

当事者とは直接の利害関係者であり、ある事柄について身につまされる立場にある人のことである。それは個人でもあり得るし、集団でもあり得る。集団だとしたとき、それは利害関心を共有する集合体、言い換えれば一つの〈利害関心共同体〉（コミュニティ）と言うことが可能だろう。『そよ風のように街に出よう』が作り出すコミュニケーション空間は、障がい者というテーマについていろいろな立場や考え方がある中で、障がいの当事者の立場から「障がい者の自立」「地域で暮らす」という考え方をコモンとしたコミュニティが作り出しているものである。*12

「不特定多数」を対象にしたマスメディアに依存せず、自分たち自身で「共同体メディア」をもち、それを作用させて「当事者公共圏」を作っているのである。それはメディア公共圏の外側に作られており、ときにはメディア公共圏と交渉関係、影響関係に入ることもある。大文字の「メディア」がその小さな公共圏の存在に着目し、それを取り上げるような時である。その際も当事者公共圏はメディア公共圏の支配下には入ることはないだろう。その必要がないからである。つまり今日、公共圏とは、銀河系が一つでないように、複数あり、いや無数にあり、それらが相互に自立しつつ相互作用を展開していると見ることができる。メディア公共圏はそのうちの一つなのである。

こうして見てくると、ステークホルダー・メディアと当事者公共圏にはあるつながりがあるように思われる。同じ問題を別々の言葉で語っているのかもしれない。主流メディア（メインストリーム・メディア）とステークホルダー・メディアという対比は、メディア公共圏と当事者公共圏という対比とある意味で並行関係にあると言えるだろう。そのいずれもが、いま、ジャーナリズムはどこに立つのか、誰のためにあるのかということを問題にしているのである。

4. 調査報道ジャーナリズムの新しい立ち位置

❖権力活動の被害者・犠牲者のために

これまで述べてきたような状況と認識を踏まえて、調査報道ジャーナリズムおよびジャーナリストは、「ジャーナリズムはどこに立つのか、誰のためにあるのか」という問いにどう答えるべきか。3点を述べておきたい。

危機にあるときどうすべきか。原点に立ち返るべきだ。ジャーナリズムにとっての原点とは何か。ジャーナリズムは何のためにあるのか、である。ジャーナリズムはこの世の中を改善し改良していくためにある。この世の中の人々の不幸を減らし、幸福を増やしていくこと、この世の中で不正義が告発され、正義が尊重されること、こうしたことを実現していくことに貢献するために存在する。これが原点であり、存在理由だ。

人々にとっての不幸や不正義はどこから生まれるだろうか。歴史の観察から得られる知識によれば、不幸や不正義は権力、すなわち政治的権力、経済的権力、社会的権力などの強い力をもった人間や組織の活動の中から産み出される。それらの直接的な活動からも産み出されるが、それらの活動の結果として構築される構造の中からも産み出される。もちろん秩序というものを作り出すために統治機構は必要だし、経済組織も社会組織も必要だ。しかし、それらが常に合理的にフェアーには活動しないという問題が現実に存在する。

そのため、権力活動の被害者や犠牲者が必ず生まれる。昨日も今日も明日もどこかで生まれている。そして、そのことは隠され、なかったことにされ、黙らせられ、隠蔽される。そのことが日々起きていることを想像する力が必要だ。見えないことを見る力、聞こえないことを聞く力、そしてそれを可視化し可聴化する力が必要とされている。

であるならば、調査報道ジャーナリストが立つべき立ち位置、もつべき視点は明らかであろう。権力活動の被害者や犠牲者の視点に立ち、そこから権力の不正や腐敗や不作為や暴走など、闇の中に隠されているそのような事実を探査して、それを白日のもとに暴いて、もって被害者や犠牲者の無念を晴らすべきだろう。その無念が多くの人々の間で共有されるとき、そして人々が考えるとき、世の中が改善され改良されていく道が開かれる。少なくともその道に通じる門は開かれる。

調査報道ジャーナリズムのテーマや取材方針や記事内容は以上の視点から一貫して組み立てるべきである。そこが普通のニュース報道とは決定的に違う点だ。

❖NGO・NPOとの連携

第2は戦略の問題で、NGOやNPO、すなわち市民社会のアソシエーションと連携していくべきだ。権力監視の活動をしているのはジャーナリストだけではない。市民社会アクターもさまざまのテーマにわたって、それぞれの関心分野で権力監視をしている。前述のように、その力は増強され、グルーバルな影響力を国民国家の各政府や多国籍の大企業や国連などの国際機関にも及ぼすようになった。

NGO・NPOはハンターのいうステークホルダーであり、当事者公共圏の担い手である。背後には〈利害関心共同体〉がある。調査報道ジャーナリストにとってはその共同体は情報源であり、コンテンツのオーディエンスであり、そして寄付をしてくれる支援者でもある。他方、NGO・NPOにとって調査報道ジャーナリストはインベスティゲーション（探査）のプロフェッショナルであり、プレスの自由や取材報道の自由や証言拒否権など憲法的に守られた存在である。もちろんそれらは特権なのではなく、市民社会に奉仕するために保障された権利であることを忘れてはならない。そこで、相互に協力し連携すれば、相乗効果で権力監視の機能と能力は高まるはずだ。

日本でもこの動きは進んでいくだろう。日本のＮＧＯやＮＰＯも問題提起能力、探査能力、発信能力を高めている。グローバルに活動するものも多い。ＮＧＯ・ＮＰＯと調査報道メディアでは確かに立場は違う。しかし、その違いを踏まえたうえで、市民社会の利益を守護する点において協力と連携は日本でも可能であろう。お互い学び合い、補完し合えるはずだと思われる。

❖イノベーションのための教育・研修

第３は教育・研修の問題である。ここ数年、世界ではスクール・オブ・ジャーナリズムの現状に疑問符が付けられてきた。新しい状況に適応していないというのである。つまり、現状のスクール・オブ・ジャーナリズムのカリキュラム内容や教育方法と、新しい状況から要請される、いまあるべき教育との間でギャップが広がっており、その事態に多くのスクール・オブ・ジャーナリズムは対応できていないという指摘が出されているのである。[*13]

これはイノベーションが必要とされている状況において常に生じる典型的な問題である。教育とは過去や現状に向けられたものではなく、一歩先の未来を先取りして行われるべきものである。過去や現状を所与の条件とした教育を踏襲していくなら、その教育を受けた若者は移り変わりつつある現状にも未来にも適応できず、労働力としても市場価値をもてず、雇用されず失業してしまうだろう。現に、欧米ではスクール・オブ・ジャーナリズムの卒業生の就職率はかなり落ち、ジャーナリズムの仕事に就けない若者を産み出している。従来の枠に留まるのでなく、むしろ積極的に、今後さらに進化していくデジタル・メディア環境の中で新しいビジネスモデルを率先して開発していくような「起業家ジャーナリズム」(entrepreneurial journalism)の実践家を育てるとか、調査報道の方法論を身につけたジャーナリストを育てるとか、やるべきことはある。

これは日本においても考えるべきことだ。「マスコミ体制」のやり方を前提として、それを踏襲する「マスコミ」派遣の教授・講師陣によって「組織ジャーナリズム」「会社ジャーナリズム」を教育されても、これからのメディア労働環境に必要とされる人材は育たない。そればかりか、負の遺産を再生産するというマイナスさえもたらす。教育とはそもそも自己革新的なものでなければ意味がないのだ。

その点で、ハンターがユネスコの支援を受けながら世界中で行ってきた調査報道ワークショップという研修活動は、その負の再生産を立ち切り、ジャーナリズムのイノベーションを担う人材を養成しようという活動だと評価することができる。ハンターを東京に招いて、そのようなワークショップが本年5月に早稲田大学ジャーナリズム研究所・ワセダクロニクルの主催で行なわれたのであった。参加者に新鮮な刺激と展望を与えたものと思われる。

さらにこの点は、世界調査報道ジャーナリズムネットワーク(GIJN)がNPOメディアの立ち上げよりもむしろ調査報道ジャーナリズムのセンターやネットワークの設立を重視していることとつながっている。つまりそのようなセンターがもつべき役割として教育・研修に着目しているのである。まずは新しい使命を担うことのできる新しい人材の養成が重要課題だと考えているということだ。

日本でもそのようなセンターがいずれ必要だろう。現状ではワセダクロニクルが大学拠点メディアということで、学生を教育する機能ももち、実際に学生がリサーチャーとして調査・取材活動に携わっていることをGIJ

Nは評価している。会長のカプランが私へのメールでそのように伝えてきた。ワセダクロニクルは6月27日開催のGIJN理事会において日本で最初のメンバーとして承認されるであろう。

（注）

（1）「非営利モデル」について詳しくは以下を参照のこと。デービッド・E・カプラン「調査報道ジャーナリズムを支援する国際戦略」花田達朗・別府三奈子・大塚一美・デービッド・E・カプラン『調査報道ジャーナリズムの挑戦——市民社会と国際的支援』旬報社、２０１６年、のうちで特に１４８〜１６５頁。

（2）マーク・リー・ハンター編著『調査報道実践マニュアル——仮説・検証、ストーリーによる構成法』（高嶺朝一・高嶺朝太訳）旬報社、２０１６年。

（3）Power is Everywhere: How stakeholder-driven media build the future of watchdog news. https://indd.adobe.com/view/b83cde7c-df9a-4c44-bc4e-001fc0e5200f

（4）この原稿を書いている最中の例を挙げよう。２０１7年5月27日の毎日新聞ウェブ版は「クラスター爆弾製造　日本4社が投融資　NGO報告」の見出しで、クラスター爆弾の全面禁止を訴える国際NGO「PAX」（拠点・オランダ）の発表した報告書について報道した。〈https://mainichi.jp/articles/20170528/k00/00m/040/106000c〉これは他メディアも報道していたので、多くの人々の目に触れたはずだ。この記事では、日本も批准している国際条約によって非人道的な武器として使用や製造が禁止されているクラスター爆弾を製造する企業に対して日本の金融機関4社が投融資をしているという事実をその金融機関名を挙げて報じている。まさにwatchdogの調査報道であるが、その発信元は国際NGOであり、既存メディアではない。既存メディアはその調査報道の成果物をニュースとして流しているに過ぎない。既存メディア自身がやってもよい探査（investigation）である。

（5）Power is Everywhere、前掲書、4頁。
（6）Power is Everywhere、前掲書、9頁。
（7）「当事者公共圏」東京大学社会情報研究所編『社会情報学Ⅱメディア』東京大学出版会、1999年、43〜44頁。
（8）この問題に費やされたのが、拙著『公共圏という名の社会空間――公共圏、メディア、市民社会』木鐸社、1996年、『メディアと公共圏のポリティクス』東京大学出版会、1999年である。詳しくはこちらを参照されたい。
（9）ワセダクロニクルは2017年2月1日にこの創刊特集をリリースした。〈http://www.wasedachronicle.org〉
（10）2017年6月2日、上智大学における記者会見。全文は「デービッド・ケイ氏会見詳報」として産経ニュースに掲載されている。
〈http://www.sankei.com/politics/news/170602/plt1706020055-n1.html〉
〈http://www.sankei.com/politics/news/170602/plt1706020056-n1.html〉
〈http://www.sankei.com/politics/news/170603/plt1706030001-n1.html〉
（11）注（7）を参照。
（12）1979年創刊の『そよ風のように街に出よう』は本年（2017年）夏に最終号を出して、幕を閉じるという。
（13）Robert G. Picard, "Deficient Tutelage: Challenges of Contemporary Journalism Education", in Gene Allen, Stephanie Craft, Christopher Waddell & Mary Lynn Young (eds.), *Toward 2020: New Directions in Journalism Education,* Toronto: Ryerson Journalism Research Centre, 2015, pp. 4-10.

◉おわりに――「募金樽」を用意しています

ワセダクロニクル編集部一同

私たちのプロジェクトでは、早稲田大学をはじめ、首都圏の複数の大学の学生も参加しています。全員、ジャーナリストを目指しています。実践を通じて鍛えられた学生が、今後の日本のジャーナリズムの中心的な担い手となっていくことでしょう。

私たちのプロジェクトはそうした学生たちの教育的機能も担っていきます。それが、日本全体のジャーナリズムの底上げにつながっていくだろうと確信しています。

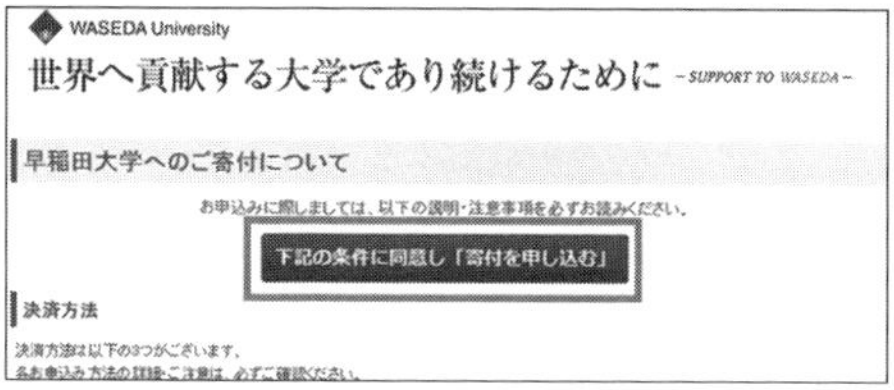

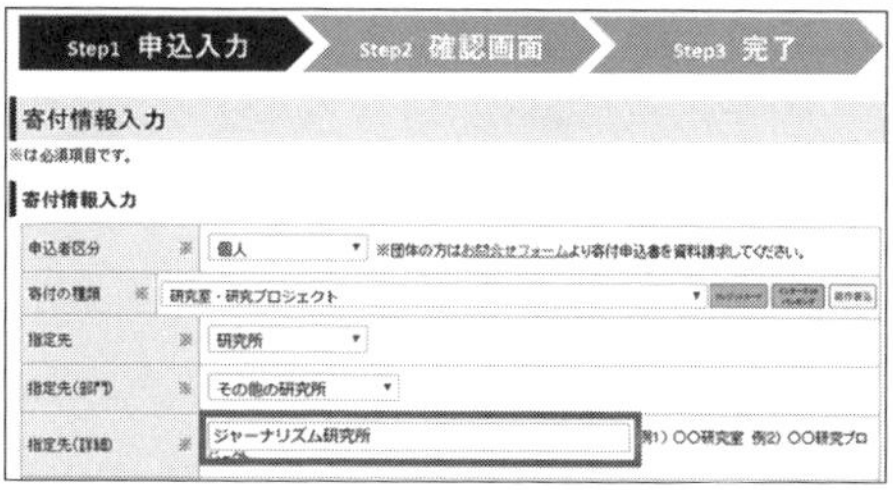

私たちは日本で初めて、大学を拠点にした調査報道ジャーナリズムメディアとして、持続可能な報道機関を目指します。広島東洋カープが存続の危機を市民の「募金樽」で集めた資金で乗り切ったように、目指すのは皆さんから支えられるニュース組織です。「ジャーナリズムのカープ」になりたいと思っています。

ワセダクロニクルでは「毎月1000円からの定額寄付サポーター」の募集を開始しました。サポーターになっていただいた方には様々な特典を考えています。ご支援をよろしくお願いします。

詳しくは「ワセダクロニクル 寄付」で検索するか、専用のURL(https://goo.gl/9ndis5)をご入力ください。

◎編著者プロフィール

＊渡辺周（わたなべ・まこと）

1974年生まれ。大阪府立生野高校、早稲田大学政治経済学部を卒業後、日本テレビに入社。2000年から朝日新聞記者。特別報道部などで調査報道を担当する。高野山真言宗の資金運用や製薬会社の医師への資金提供の実態などを報じたほか、原発事故後の長期連載「プロメテウスの罠」取材チームの主要メンバー。朝日新聞社を2016年に退社、ワセダクロニクルの取材・報道の総責任者（編集長）に就く。共著：『プロメテウスの罠3 福島原発事故、新たなる真実』『プロメテウスの罠6 ふるさとを追われた人々の、魂の叫び！』（以上、学研パブリッシング）。

＊花田達朗（はなだ・たつろう）

1947年生まれ。早稲田大学教育・総合科学学術院教授。早稲田大学政治経済学部卒業、ミュンヘン大学大学院博士課程満期退学。東京大学大学院情報学環教授、学環長を経て、2006年から現職。2007年より早稲田大学ジャーナリズム教育研究所所長、2015年より同大学ジャーナリズム研究所所長を務める。専門は社会学、メディア研究、ジャーナリズム研究。主著：『公共圏という名の社会空間』（木鐸社）、『メディアと公共圏のポリティクス』（東京大学出版会）、共著：『調査報道ジャーナリズムの挑戦』（旬報社）など。

＊大矢英代（おおや・はなよ）

1987年生まれ。ジャーナリスト。早稲田大学ジャーナリズム研究所招聘研究員、ワセダクロニクルシニアリサーチャー。早稲田大学大学院政治学研究科修士課程修了（ジャーナリズムコース）。2017年3月まで琉球朝日放送記者兼番組ディレクター。琉球朝日放送では米軍人軍属の事件事故や日米地位協定、辺野古新基地建設問題などを取材、『テロリストは僕だった ― 沖縄・基地建設反対に立ち上がった元米兵たち』（2016年）でテレビ朝日のテレメンタリークール賞とテレメンタリー年間優秀賞、『この道の先に ― 元日本兵と沖縄戦を知らない私たちを繋ぐもの』（同）でテレビ朝日PROGRESS賞優秀賞を受賞。

＊ワセダクロニクル（Waseda Chronicle）

早稲田大学ジャーナリズム研究所が運営する調査報道メディア。2016年3月11日に「早稲田調査報道プロジェクト（WIJP：Waseda Investigative Journalism Project）」が発足、2017年2月1日に「ワセダクロニクル」を創刊した。「ワセダクロニクル」には、ジャーナリズム研究所長から推挙され、大学から嘱任を承認された招聘研究員らがシニアリサーチャーとして参加している。ジャーナリストを目指す学生もリサーチャーとして参加する（早稲田大学以外からも参加）。

市民《しみん》とつくる調査報道《ちょうさほうどう》ジャーナリズム
――「広島東洋《ひろしまとうよう》カープ」をめざすニュース組織《そしき》

彩流社ブックレット5

2017年7月20日　初版第一刷

編著者　渡辺周・花田達朗・大矢英代・ワセダクロニクル ©2017
発行者　竹内淳夫
発行所　株式会社 彩流社
〒102-0071 東京都千代田区富士見2-2-2
電話　03-3234-5931
FAX　03-3234-5932
http://www.sairyusha.co.jp/

編　集　出口綾子
装　丁　福田真一［DEN GRAPHICS］
印刷　モリモト印刷株式会社
製本　株式会社難波製本

Printed in Japan　ISBN978-4-7791-2336-8 C0036
定価はカバーに表示してあります。乱丁・落丁本はお取り替えいたします。